W0172021

Le fumeur de Bible

La vie mouvementée d'un ex-taulard

Pour des raisons personnelles, certains noms ont été modifiés.

Wilhelm Buntz: Der Bibelraucher
© *2018/2022 SCM Hänssler in der SCM Verlagsgruppe GmbH, 71088 Holzgerlingen,
Germany* (www.scm-haenssler.de)

Traduit de l'allemand par Ute Hecht

ISBN 979-10-306-0436-8
© Éditions des Béatitudes
Société des Œuvres Communautaires, septembre 2022
Conception de la couverture : Philippe Guitton – LectioStudio
Photos de couverture et des pages intérieures : © Rolf Krüger (www.rolfkrueger.net)
avec l'aimable autorisation des éditions allemandes SMC Hänssler
Photo de quatrième de couverture : © Pexels Jan Kopřiva

Wilhelm Buntz

Le fumeur de Bible

La vie mouvementée d'un ex-taulard

Traduit par Ute Hecht

EdB

« *L'Être humain n'est jamais aussi beau*
que lorsqu'il demande pardon ou qu'il pardonne. »
Jean Paul (1763-1825)
poète allemand, publiciste et pédagogue

« *Vous êtes la Lumière du monde !* »
Mt 5, 14

1

SATAN

Prison de Bruchsal[1], 1984

Avec un bruit sourd, bois sur bois, la trappe tombe et se referme. Voilà, c'est fait, définitivement! Plus de retour possible. La lettre que j'y ai introduite est partie pour l'éternité. Et quand elle arrive au fond, sans plus aucune chance de mon côté pour arrêter son voyage, j'en suis certain: j'ai commis la plus grosse erreur de ma vie.

Cette boîte se trouve – tout comme moi – au beau milieu de l'établissement pénitentiaire de Bruchsal, derrière de hauts murs et des portes bien gardées. Dès que cette boîte aux lettres sera vidée, mon funeste courrier sera en route vers le Procureur de la République. Après quatorze pénibles années d'emprisonnement, me voilà proche de la sortie. Alors pourquoi ai-je expliqué dans cette lettre au Procureur (de ma plus belle écriture) qu'en réalité, je devrais pourrir ici encore vingt ans? Je suis en effet persuadé qu'après avoir lu ma lettre, il va me les coller, ces vingt ans!

«Vous vous souvenez sûrement de moi?»

Ainsi ai-je commencé ma lettre. En fait, j'ai commis cent quarante-huit délits, mais ce procès-marathon m'a concrètement acquitté d'une centaine d'entre eux, faute de preuves.

«Je me dois de reconnaître, Maître, que je suis également coupable des cent accusations restantes.»

Ces paroles résonnent maintenant dans ma pauvre tête et je me sens minable.

---

1. NdT: Bruchsal est une ville allemande située à une trentaine de kilomètres au nord de Karlsruhe. On y trouve une célèbre prison, construite en 1848 et réputée pour accueillir des criminels violents et des terroristes.

Mais je devais faire cette confession. Ma vie nouvelle dans la foi l'exige! Pour la première fois de ma misérable existence, je veux être vraiment honnête et dire la vérité. Écrire ce courrier fut pour moi à la fois terrifiant et bienfaisant. Cela, je ne l'ai ressenti que quelques semaines après; jusque-là, au contraire, les jours qui avaient suivi ont été angoissants. Entre la détermination ferme et le désespoir sans nom, je me sentais tiraillé et secoué, un peu comme sur des montagnes russes.

Pour bien comprendre comment je me suis retrouvé dans cette situation et devant cette boîte aux lettres, je dois reculer dans le temps et commencer par le commencement. Car ma vie a débuté sur un mauvais présage.

Bienvenue dans ma vie! Mon nom est Wilhelm Buntz.

J'ai fait beaucoup de vilaines choses, des choses stupides, beaucoup de choses audacieuses et, dans mes dernières années, peut-être aussi de bonnes choses. Mais, avant tout, c'est quelqu'un d'autre qui est intervenu dans ma vie: Dieu. Si vous me rencontrez aujourd'hui, la seule chose que vous pourrez dire est que, vu mes nombreux tatouages, il semblerait que je n'aie pas toujours été le gentil voisin d'à côté: cent quarante-huit condamnations, il y en a une pour chaque crime que j'ai commis. Mais ce changement ne s'est pas fait grâce à mes performances. C'est l'amour de Dieu qui m'a radicalement changé. De double meurtrier avec la pire enfance possible et une véritable carrière de criminel, je suis devenu quelqu'un qui ne ferait pas de mal à une mouche.

Cette lettre au Procureur de la République a été mon premier acte audacieux marquant ce changement; juste avant ça, j'avais trouvé la Bible – la Parole de Dieu – dans le cachot. Vous êtes condamné à séjourner dans ce cachot spécialement pénible si vous violez les règles de la prison, par exemple lorsque vous vous faites prendre en train de faire un commerce de drogue, d'alcool, de cigarettes… ou que vous avez bombardé un gardien avec de la nourriture ou tout autre projectile. J'avais fait tout cela, et bien plus encore.

Dans ce genre de cachot, on trouve un lit, une table, une chaise, des toilettes et – surtout – une solitude sans fin. Pas de promenade dans la cour, pas de contact avec les autres détenus, pas de travail, rien pour se distraire, rien que l'ennui béant. Le seul objet qui est mis à disposition est une Bible. Comme ça tombe bien que les pages de la Bible soient minces et fines… parfaites pour en faire du papier à cigarettes ! Ainsi, je pouvais profiter du tabac introduit en fraude dans mes chaussettes et fumer grâce au papier de cette Bible. J'étais souvent puni, très souvent même, et je me retrouvais alors dans ce cachot. Comme j'y ai passé beaucoup de temps, j'en ai passé égale-ment beaucoup avec la Parole de Dieu, bien que ce soit d'une manière peu conventionnelle. Et quand ma vie a changé (Comment ? Patience, nous y arriverons…), j'ai voulu mettre en pratique les paroles que je lisais et obéir aux commande-ments de Dieu. « Sans preuves, affirmait le Procureur, pas de condamnation. » Les lui fournir – qui plus est par écrit – n'était-ce pas un acte stupide ? Or, voulant désormais vivre en vérité avec Dieu, ne devais-je pas dire la vérité, et toute la vérité ? J'en étais convaincu ! Et pourtant, je me considérais comme le détenu le plus stupide de tous les temps.

Comment en étais-je arrivé là ? Reprenons par le commencement.

Wieblingen et Ulm, 1954

Quand ma mère a découvert qu'elle était enceinte, elle a dit à mon père, dans son dialecte souabe le plus pur : *Des Kend will i net!* (« Je ne veux pas de cet enfant ! ») Elle avait déjà donné naissance à deux filles et cela lui suffisait. Elle décida donc de ne pas s'occuper de moi à ma naissance : pas de nourriture, pas de couches, pas de réconfort… Et elle s'y tint ! Dès que nous avons quitté l'hôpital pour retrouver notre humble trois-pièces à Wieblingen (près de Ulm), ma mère me mit dans mon berceau et me tourna le dos. À partir de ce moment-là, elle ne me gratifia même plus d'un regard.

Mon père devait travailler quatorze heures par jour chez Magirus-Deutz, un constructeur de camions. Chaque matin de bonne heure, il parcourait dix kilomètres à vélo jusqu'à l'usine, pour revenir tard dans la soirée. La plupart du temps, épuisé, il s'endormait aussitôt pour retourner au travail le lendemain matin. Si bien qu'il n'a pas vraiment remarqué ce qui se passait là, sous ses yeux, dans la chambre de ses enfants. Comme je n'existais pas pour ma mère, ma sœur aînée, Sabine, quatre ans, s'occupa de moi tant bien que mal, mais plutôt mal que bien, évidemment comme une enfant de cet âge peut le faire : elle imitait ma mère et agissait avec moi comme elle voyait ma mère agir avec ma sœur Claudia qui avait un an. J'étais une super poupée avec qui elle pouvait jouer à la maman. Mais j'étais vivant et j'avais d'autres besoins. Ma mère ne me donnant pas son lait, Sabine m'a nourri avec ce qu'elle trouvait, c'est-à-dire n'importe quoi, en tous cas ce n'était pas l'alimentation qu'un nouveau-né aurait dû recevoir. Ma mère ne me mettant pas de pommade pour soigner ma peau irritée, Sabine m'enduisait de n'importe quelle graisse et, au lieu de talc, elle me mettait de la farine. Sabine voyait comment ma mère langeait Claudia et, faute de couches à sa disposition, elle m'enveloppait dans du papier journal. Étant ainsi négligé, je tombai rapidement malade ; je criais de plus en plus et j'hurlais de mieux en mieux – presque continuellement.

Au bout de quelques semaines, ma mère, ne supportant plus ces cris, m'a attrapé et est allée jusqu'à une forêt des environs pour me déposer là, sans ménagements, sur le bord de la route.

Aujourd'hui, je ne sais toujours pas si, ce jour-là, il faisait froid ou chaud, si j'étais habillé ou si j'étais nu. Alors âgée de quatre ans, ma sœur ne s'en souvient pas non plus, bien sûr. Des années plus tard, lorsque nous nous sommes réconciliés et que j'en ai parlé à mon père, ce dernier ignorait comment tout cela s'était passé exactement. Mais peu importe, j'étais allongé au bord du champ et je criais à fendre l'âme. Mme Hornung, notre voisine, promenait ses enfants et son chien quand elle entendit un bébé pleurer. Son regard ahuri se posa sur le pauvre paquet qui me contenait. Depuis combien de temps étais-je là ? Personne ne le sait… peut-être quelques minutes, peut-être plusieurs heures. Mme Hornung comprit immédiatement qui j'étais, et me ramena chez elle pour téléphoner à la police. Je fus conduit sur-le-champ à l'hôpital Bethesda de Ulm.

Les sœurs hospitalières là-bas durent subir un sacré choc en me voyant ! J'étais complètement sous-alimenté, mon pauvre ventre était gonflé comme une baudruche. C'était certainement dû au régime alimentaire donné par ma sœur, qui voulait juste faire pour le mieux à mon égard. Tout mon corps était couvert d'éruptions cutanées. Probablement était-ce à cause de la mixture avec laquelle ma sœur me frictionnait. J'étais si mal en point que j'ai dû être soigné à l'hôpital pendant plus de six mois.

Quand mon père reçut ce jour-là, à son travail, un appel de l'hôpital, il accourut aussitôt. Lorsqu'il me vit et qu'il entendit ce qui m'était arrivé, il rentra chez lui fou furieux, jeta ma mère dehors et demanda le divorce. Mon père était un gars assez violent. Si elle était – ne fût-ce qu'une fois – revenue à la maison, je pense qu'il aurait été capable de la tuer.

Ce temps à l'hôpital fut pour moi bénéfique, car j'étais correctement nourri et soigné. Cependant, si mes besoins physiologiques étaient pris en charge, ce dont un bébé a également besoin, c'est d'une présence attentive, d'amour et de tendresse. Les sœurs hospitalières et les médecins m'examinaient régulièrement, mais, à l'époque, la psychologie n'était pas encore à l'ordre du jour : être propre et bien nourri suffisait. Personne ne pouvait en faire plus pour moi.

Mon père ne pouvait me rendre visite que de temps en temps, il devait maintenant, outre son travail harassant, s'occuper aussi de ses deux autres enfants et de l'appartement. Dans la journée, une assistante sociale de « l'Aide à l'Enfance » s'occupait de mes sœurs, mais la nuit, mon père en était responsable. Vint un jour où il reçut un appel urgent de l'hôpital lui demandant de venir constater quelque chose d'important me concernant. Lorsque Papa entra dans ma chambre d'hôpital, il me vit allongé sur le matelas, regardant le plafond ! Ensuite, me retournant vers lui, il constata que du sang coulait le long de mon visage. Un instant, mon père pensa que ma mère était passée et m'avait maltraité. Mais l'infirmière lui dit d'attendre et de regarder…

Au bout d'un moment, je me suis agrippé avec mes petites menottes aux barreaux de mon lit et j'ai commencé à me cogner la tête contre le bois, encore et encore, jusqu'à ce que le sang coule de plus belle. Il coulait si bien que les jolis barreaux d'un blanc immaculé étaient maintenant tout rouges. Je voulais probablement ressentir quelque chose, n'importe quoi, puisque jamais personne ne me prenait dans ses bras. Si j'agissais ainsi, peut-être était-ce pour être étreint et caressé ? Aujourd'hui, même si on classait ce comportement parmi les pathologies psychiatriques nécessitant une hospitalisation, on me comprendrait et on m'apporterait l'aide nécessaire. À cette époque, les médecins demandèrent simplement à mon père : « Avez-vous d'autres enfants, monsieur Buntz ? Parce que ce serait bien mieux ! Cet enfant-là vous prendra tout votre temps et vous n'aurez que des problèmes avec lui. Il est atteint d'un handicap profond, ne sera jamais joyeux et ne rira jamais. » C'est vrai, les problèmes, avec moi, mon père en rencontrerait, mais pour le reste du diagnostic, les médecins étaient à côté de la plaque, Dieu merci.

Plusieurs décennies plus tard, réconciliés, de sorte que nous pouvions parler ensemble de certaines choses, mon père me dit un jour : « Wilhelm, si j'avais su tout ce qui allait arriver et que j'avais connu d'avance le chemin que tu allais prendre, je pense que je t'aurais tordu le cou ! » Pour une raison étrange, je n'éprouve pas de colère contre mon père à cause de cette phrase – je peux même la comprendre. Il était honnête avec moi et cette franchise me touche encore aujourd'hui.

Prison de Bruchsal, 1984

Je continuais de me tenir, désespéré, devant cette boîte aux lettres de l'établissement pénitentiaire. Ce n'était pas une boîte aux lettres officielle, peinte en jaune avec les heures de levée marquées dessus. C'était une solide boîte en bois avec un grand couvercle qui, lorsqu'on le soulevait, laissait apparaître une fente étroite, tout juste assez grande pour y glisser une fine enveloppe, brune ou blanche, disponible dans les magasins de la prison. Chacune des quatre ailes de la prison de Bruchsal avait ce type de boîte aux lettres, placée au bout de la longue allée principale au rez-de-chaussée. On ne pouvait y mettre que des lettres ouvertes. Une fois par jour, à huit heures du matin, la boîte aux lettres était vidée et son contenu soigneusement examiné par les fonctionnaires : cartes d'anniversaire, messages à des amis, lettres d'amour... Ce n'est qu'après vérification que le vrai courrier était acheminé à l'extérieur. Seules les lettres destinées au Procureur n'étaient pas lues.

Il était presque huit heures quand j'avais déposé ma lettre dans cette boîte, en ce matin mémorable qui allait décider de mon sort pour le restant de ma vie. Je me tenais maintenant devant elle avec désespoir – après tout, j'avais pratiquement terminé de purger ma peine de prison. Dans quelques minutes, la boîte serait vidée et j'étais là, hanté par une seule pensée : comment pourrais-je annuler ce que je venais de faire ? Demander aux gardiens de la prison de me rendre ma lettre ? Trop embarrassant. Et ils ne le feraient probablement pas. Je pourrais repêcher la lettre, peut-être à l'aide d'un cintre faisant office de crochet ? Cela valait le coup d'essayer. Je regardai autour de moi, puis je rebroussai chemin pour parcourir d'un bon pas le long couloir de la première aile de Bruchsal jusqu'à l'autre extrémité. J'ouvris la porte de ma cellule et j'entrai : dix mètres carrés, un lit, une table, une chaise, un minuscule placard, un WC derrière un paravent, un lavabo avec un petit miroir – une simple plaque de métal poli qui ne méritait pas ce nom, mais le verre aurait été trop dangereux : c'est tout ce qu'il y avait dans ma cellule. Mais c'était mon domaine personnel, où je pouvais me retirer et être seul, étrange privilège des personnes incarcérées pour des délits graves : meurtres, homicides, vols à main armée… contrairement aux prisonniers de l'autre aile qui n'étaient là que pour des infractions moins graves : fraude, vol ou viol. Ces « prisonniers ordinaires » devaient partager leur cellule avec un codétenu. La plupart d'entre eux ressentait cette promiscuité comme étant bien pire que l'isolement : pas de calme, aucune intimité, vous n'étiez même pas seul dans les toilettes. Il fallait partager la vie pénitentiaire jour et nuit. Souvent, vous n'arriviez pas à supporter ce compagnon d'infortune. Pour moi, la cellule d'isolement était un vrai luxe. J'en étais content.

Du placard, haut et étroit, où je rangeais mon linge, mon café, mon tabac et mes autres affaires, je sortis un cintre et quittai ma cellule. Pendant la journée, les cellules étaient la plupart du temps ouvertes et vous pouviez vous déplacer, librement, dans votre aile – toujours sous les yeux des gardiens, bien entendu.

Je repris le chemin en direction de la boîte aux lettres située à l'autre extrémité de l'aile, serrant fermement le cintre. Terriblement excité, je marchais en prenant soin de ne pas éveiller les soupçons. J'aurais été vraiment gêné que mes codétenus entendent cette histoire. Le cool Willi Buntz, meurtrier de deux personnes, allait repêcher sa propre lettre dans la boîte aux lettres ! Comment aurais-je pu me laisser ainsi démasquer ? Pourtant, j'étais fermement déterminé à corriger mon erreur.

Revenons à mon enfance et à mon attitude dans ma famille. Bien sûr, je leur donnais peu de raisons de se réjouir ; je frappais mes sœurs et leurs amies, et je faisais tout pour embêter mon entourage. Quand j'ai fait mon entrée à l'école maternelle, j'ai commencé à attaquer, à voler et à harceler les autres enfants. Je n'arrivais pas à me concentrer et à jouer normalement avec eux. Dans mes relations avec les autres enfants, j'étais devenu foncièrement odieux. L'une de mes occupations préférées était de tendre une embuscade aux filles pour couper leurs jolies tresses avec de gros ciseaux. Si, malgré cela, j'arrivais quand même à devenir ami avec quelqu'un, c'était uniquement parce qu'il avait peur de moi.

Mon père était devenu chrétien, et les offices du dimanche m'offraient des opportunités formidables de me procurer un revenu supplémentaire. Un jour de Noël, je jouais saint Joseph pour la crèche de la *Zionskirche* (« l'église de Sion ») où j'étais également autorisé à chanter les solos (applaudis par tous avec enthousiasme). Pendant les pauses, je flânais le long de l'allée centrale jusqu'au vestiaire où s'alignaient les plus beaux trésors qui n'attendaient qu'une chose, être récupérés par moi pour changer de propriétaire. La plupart du temps, je trouvais de l'argent sonnant et trébuchant que je récupérais, sans le moindre scrupule, dans les poches des vêtements déposés là.

Ulm, 1955

Après le départ de ma mère, donc, lorsque les médecins estimèrent que j'étais suffisamment en forme pour quitter l'hôpital, mon père me confia d'abord au pasteur Theurer et à sa femme. Pendant six mois, ce couple, alors responsable de la *Zionskirche* de l'Église méthodiste de Ulm, m'entoura de sa tendresse ; ils me prenaient dans leurs bras, m'embrassaient et me cajolaient, répondant ainsi également à mon besoin d'amour essentiel.

Avec eux, j'appris à faire mes premiers pas et à prononcer mes premiers mots. Je suppose que j'offrais un joli spectacle quand je tenais la main de ma mère d'accueil en trottinant maladroitement à travers le centre-ville d'Ulm, habillé de mon joli petit manteau en loden. Cela dut être une période heureuse pour moi – mais même si les soins de l'hôpital et de mes parents d'accueil surent soigner pas mal de mes blessures externes et soulager mon être intérieur en souffrance, les premiers mois de ma vie avaient hélas imprimé en moi des cicatrices profondes, indélébiles, qui allaient influencer longtemps mes comportements.

Mon père me rendait visite le week-end s'il venait à l'église. La situation qu'il vivait le faisait souffrir, mais, en tant qu'homme d'action et ancien militaire, il avait l'habitude de prendre les choses en main, sans tarder. C'est ainsi qu'il avait expulsé sa femme et demandé le divorce. Même s'il était lui-même un dur à cuire, il devait, lui aussi, ressentir de la douleur. À ses yeux, il était inacceptable d'abandonner son enfant, même entre des mains plus qualifiées. Cependant, être le seul responsable de trois enfants, avec son travail prenant, ce n'était pas possible non plus. Il devait travailler 14 heures par jour, ce qui était socialement acceptable à l'époque. Alors, afin d'avoir une aide à la maison pour toute la famille, il reprit contact avec son ancienne fiancée, Else Züffe, paysanne d'un village près de Calw.

Else était membre de la communauté évangélique, une branche de l'Église méthodiste. En plus, elle était diaconesse et, par conséquent, il lui était interdit d'épouser un homme qui n'était pas chrétien. Et parce que mon père refusait catégoriquement de se convertir, elle s'était séparée de lui, le cœur lourd, en 1944, et s'était installée comme diaconesse à la mission de Bad Liebenzell. Peu de temps après, mon père avait été appelé au service militaire, y avait été blessé et s'était retrouvé à l'hôpital. L'une de ses soignantes était une infirmière auxiliaire, ma mère. Ils s'étaient mariés en 1950 et, un an plus tard, Sabine venait au monde.

Mon père n'avait jamais oublié Else, son premier amour – et cette dernière ne l'avait évidemment pas oublié non plus. Après s'être séparé de ma mère, papa écrivit à la maison-mère du diaconat une lettre où il décrivait sa situation. Cette lettre émut beaucoup Else. Face à cette détresse, elle devait aider – et elle le désirait aussi. Cependant, il n'était pas question de se mettre dans la position « dangereuse » d'être, sous son toit, la nurse des enfants de son ex-fiancé. Ce serait inconvenant et inapproprié – le voile de diaconesse peut protéger contre beaucoup de choses, dans une mesure limitée, mais certainement pas contre les sentiments intenses d'une femme et d'un homme. Sortir les enfants du foyer parental était tout aussi impensable. Alors elle prit une décision de grande envergure, et renonça au poste de diaconesse pour épouser son ex-fiancé.

Else plongea dans ce qu'elle considérait comme étant sa nouvelle mission. Elle voulait être une bonne mère pour nous trois, ce qui allait devenir son pire cauchemar. Durant des années, elle s'occupa de nous avec dévouement. Pendant longtemps, elle ne reçut pas notre faveur en retour. Nous étions tous les trois traumatisés – pas seulement moi, mais aussi mes sœurs, chacun à sa manière : Sabine avait perdu sa mère, et Claudia voyait en Else celle qui lui avait pris sa maman. Aussi assuma-t-elle un rôle parental bien négatif. Tous trois, nous n'avons jamais vraiment pardonné à notre père d'avoir pris cette nouvelle femme. Et nous avons projeté toute notre haine et notre déception vis-à-vis de notre mère biologique sur Else qui avait beau faire tous les efforts possibles et être la belle-mère la plus aimante pour nous, nous lui faisions quand même sentir à quel point nous la rejetions. Pendant des années, ma sœur aînée ne lui adressa pas la parole. Claudia la traitait plus raisonnablement, et il semblerait que durant les dix-huit premiers mois, elle fut assez chère à mon cœur. Enfin, quelqu'un était là pour prendre soin de moi, quelqu'un qui m'aimait vraiment (si je pouvais comprendre alors ce que c'était qu'aimer), quelqu'un qui ne me voulait que du bien. Pendant une certaine période, ma vie sembla prendre une bonne tournure.

Mais Else tomba enceinte en 1957. Un nouveau petit frère ou une nouvelle petite sœur peut poser un problème pour les autres enfants de la famille et devenir une source de jalousie. Pour moi, enfant difficile et traumatisé, qui commençait tout juste à reprendre confiance en quelqu'un qui m'entourait, ce fut le cas : je devins très jaloux de ma première demi-sœur.

La petite Petra monopolisa toute l'attention d'Else. Et le petit Helme (c'est ainsi qu'on m'appelait) qui avait tant besoin de cette attention n'était plus le centre de ses préoccupations. Cela ne me plaisait pas du tout ! Je décidai donc que la fauteuse de trouble devait partir.

Même si nous avons grandi, à l'époque, dans un milieu simple, ma belle-mère a toujours été extrêmement soucieuse de la propreté. C'est ainsi qu'elle transformait régulièrement la grande cuisine de la maison Buntz – avec le beau poêle à charbon, les petits carreaux bleu clair au sol et, au milieu, la grande et lourde table en bois – en buanderie et salle de bains. Au centre de la pièce trônait alors une grosse baignoire ovale en zinc, déposée sur la table de cuisine. Le poêle à charbon palpitait, le bois y brûlait et craquait pour chauffer l'eau. Lorsque l'eau atteignait la bonne température, Else prenait un récipient qui servait à transvaser l'eau chaude de la casserole sur le feu dans la grande bassine sur la table. Ensuite, nous prenions notre bain, un bain agréable, chaud et fumant. Un canard jaune en caoutchouc – que nous étions fiers d'avoir – flottait sur l'eau et nous servait de jouet.

Quand ma demi-sœur Petra prenait son bain, elle n'arrêtait pas de couiner de plaisir et cela me rendait fou de rage. Jaloux et frustré, je pris alors une décision : personne n'avait le droit d'être heureux à ce point, cela ne pouvait plus durer, je me le jurais. Je ne sais même plus si j'avais également pris mon bain ce jour-là ; ce qui est certain, c'est que j'étais là, moi aussi, le jour de cette grande et joyeuse baignade dans la maison familiale.

Vint le moment où ma belle-mère quitta la pièce pour chercher quelque chose – probablement des couches propres ou une serviette de bain pour Petra. Profitant de cette « chance », je grimpai sur l'une des chaises en bois pour bien voir Petra dans son bain. Mes petits bras passèrent facilement par-dessus l'étroit bord de la baignoire pour attraper Petra et l'asseoir dans l'eau – ce qu'elle était déjà capable de faire. La tirant ensuite par ses cheveux clairsemés, lui inclinant la tête et la poussant vers l'avant, je maintins sa tête sous l'eau, en tirant ses jambes en arrière.

Avec ses tout petits bras, le bébé en panique essaya de ramer, mais elle n'arrivait pas à se libérer de mon emprise. Je ne me souviens plus combien de temps elle resta sous l'eau. Personne n'était là pour le dire. Mais elle a dû avaler beaucoup d'eau et elle était peut-être même évanouie quand ma belle-mère est arrivée. Voyant d'un coup d'œil le malheur, Else se jeta sur nous, me poussant de la chaise, et tira Petra hors de l'eau. C'était trop tard ! Petra respirait encore, mais elle avait subi des dommages oculaires irrémédiables. À l'hôpital, on fit tout pour la soigner, malheureusement ce fut en vain. Jusqu'à aujourd'hui, Petra voit très mal et a besoin de lunettes extrêmement fortes pour y voir au moins un petit peu.

Mon objectif avait été de tuer ma demi-sœur, mais je n'y parvins pas, Dieu merci ! Et je n'atteignis pas non plus mon but : avoir toute l'attention de ma belle-mère. Au contraire : avec ce handicap de la vue, Petra avait encore plus besoin de sa mère. À partir de ce jour funeste, ma famille en fut bien sûre : Helme allait mal finir.

Bien sûr, ma haine et celle de mes sœurs se concentrait avant tout sur ma belle-mère qui s'occupait tant de Petra. Ce que le petit garçon que j'étais alors avait infligé au bébé était une réaction de profonde jalousie.

La plupart du temps, je volais de l'argent et, souvent, on ne le remarqua pas immédiatement. Puis vint un moment où il fallut se rendre à l'évidence : il y avait un voleur parmi nous et, bien entendu, on pensa immédiatement à moi. Je n'avais pas été assez attentif pour éviter de me faire prendre. Puisque tout le monde savait maintenant que j'étais un voleur, ma présence n'était plus désirée, là non plus, et je commençai alors à détester tout et tous, le manifestant tout autour de moi. Un jour – je devais avoir 6 ou 7 ans – alors que je venais d'apprendre à écrire convenablement, je pris une feuille de papier pour y tracer : « Else, je suis bien content que tu ne sois pas ma mère et que la sorcière de Hänsel et Gretel ait été brûlée. »

Tous autour de moi souffrirent beaucoup de mes comportements, en particulier Else. Un jour, plongée dans ses pensées, elle courait dans une rue commerçante d'Ulm. En passant rapidement devant les brillantes façades du centre-ville, restaurées ces dernières années après les dégâts de la guerre, elle s'arrêta soudain. Son visage se crispa et elle se mit à pleurer. Les passants s'arrêtèrent, curieux, autour d'elle. Désespérée, elle leur cria : « Non, je ne rentre plus chez moi : nous avons le diable chez nous à la maison ! » Puis elle explosa en gros sanglots. À ce moment-là, ce fut comme si elle entendait une voix tout à l'intérieur de son cœur. Elle n'aimait pas ce que la voix disait, mais elle savait qu'elle devait lui obéir. Car c'était comme si Dieu lui-même lui disait : « Else, je te demande de retourner précisément là où tu ne veux pas aller ! » Ce qu'elle fit…

Mon père lui-même fut incapable d'établir une bonne relation avec moi. Il était un grand et bel homme, habile de ses doigts et excellent sportif. Bon en tennis de table, il joua même dans les années 1950 pour remporter le titre de champion d'Allemagne. De plus, en tant que peintre amateur, il faisait preuve d'une main sûre. Certaines de ses œuvres sont encore accrochées dans mon salon. Bien qu'on puisse en déduire, à partir de cette sensibilité d'artiste, qu'il était également sensible dans ses comportements avec autrui, en ce qui me concerne, ses grosses mains se sont gravées dans mes souvenirs pour une tout autre raison : il me battait régulièrement ! Nous nous sommes opposés l'un à l'autre dès le début, nous le restâmes pratiquement jusqu'à la fin. Je le détestais, je me rebellais et il me battait à chaque occasion.

De façon générale, la violence faisait partie de mon quotidien d'enfant. Un jour où j'avais de nouveau fait une bêtise, mon père vint me chercher à l'école et m'emmena sur son vélo jusqu'à un pont sur l'Iller (un affluent du Danube) situé à environ deux kilomètres de notre appartement. Je me demandais pourquoi je n'avais pas encore reçu de coups… J'allais vite comprendre. Mon père gara le vélo et me conduisit à la balustrade. J'en déduisis qu'une sérieuse conversation allait se tenir. Au lieu de cela, avant que j'eusse pu me défendre, il me prit fermement, me hissa par-dessus la balustrade et me jeta, sans cérémonie, dans la rivière avant de s'en aller. Voulait-il me tuer ou acceptait-il ma mort à bon compte ? Je n'en sais rien, mais si, par exemple, j'avais heurté un rocher sous l'eau, c'en serait fini de moi. Je sortis de l'eau et dus parcourir à pied, tout trempé, les deux kilomètres jusqu'à la maison. Pour moi, il était évident que j'étais obligé de respecter l'autorité de mon père pour une seule raison : il était plus fort que moi ! Cette réalité façonnait alors ma relation avec lui et Else. De plus en plus souvent, je préférais être seul, soit dans ma chambre, soit dans la cave, deux lieux où je n'avais pas à supporter la présence de mes parents. Dans cette cave qui servait à stocker le charbon de notre maison, j'étais souvent relégué en guise de punition.

Lorsque je faisais quelque chose de mal, en effet, mon père m'enfermait dans ce trou sombre et froid. À part ma belle-mère ou l'une de mes sœurs qui m'apportaient de la nourriture, personne ne me dérangeait dans cet endroit et j'appréciais grandement ! Entièrement à mes pensées, je n'avais à parler à personne, et personne ne m'énervait. Ce qui devait être une punition devenait donc plutôt pour moi une récompense. Aujourd'hui, je pense même que c'est probablement pour avoir une telle « punition » que je multipliais les bêtises. En tout cas, pour les miens, c'étaient les seules heures et les seuls jours où ils pouvaient enfin mener une vie de famille presque normale.

Mon seul rayon de soleil était, à cette époque, ma grand-mère, Margret Rothfuß, la mère de mon père. Je l'appelais gentiment « Omama ». Elle habitait juste derrière l'école et, après mes cours, je me rendais chez elle avec plaisir. Son appartement était petit et surtout complètement enfumé, car mon grand-père fumait comme un pompier. J'aimais également regarder mon grand-père trier sa collection de timbres-poste. L'un de mes oncles vivait en Australie et envoyait de là-bas, régulièrement – encore et encore – des timbres à l'aspect exotique que mon grand-père inspectait à la loupe pour ensuite les prendre, délicatement, avec une pince à épiler et les ranger soigneusement dans l'album prévu à cet effet. Ma grand-mère me préparait régulièrement ma soupe préférée – une soupe d'asperges crémeuse – que je mangeais parfois tout au long de la journée, le cœur content. Son travail terminé, elle venait s'asseoir près de moi.

Ma tante Maria habitait dans la maison voisine. Elle m'avait proposé de m'adopter pour de bon, après que ma mère m'abandonna, mais, pour une raison inconnue, mon père s'y opposa formellement. Qui sait ce que je serais devenu si cette proposition avait été accueillie favorablement ?

Malheureusement, les moments heureux chez ma grand-mère ne durèrent pas. À cause de mon comportement négatif à la maison, j'avais poussé Else et mon père au bord du désespoir. L'Office d'Aide à l'Enfance gardait depuis le début un œil sur notre famille, mais ni leurs professionnels ni les psychologues consultés ne réussirent à m'aider. L'un des médecins dit à mes parents qu'il n'avait encore jamais vu un enfant à ce point rongé par la haine. C'est pourquoi mon père ne vit plus qu'une seule possibilité : m'envoyer dans un foyer d'accueil ! En 1960, à l'âge de six ans, je connus un tel institut pour la première fois.

Das 30. Kapitel.

2

FUITE

Dans les trois ou quatre premiers foyers d'accueil, je ne tins le coup que quelques jours. Ou plutôt, les responsables de ces foyers ne voulurent pas me garder plus longtemps. Ils ne savaient pas quoi faire de moi. Mon père recevait, à chaque fois, un appel pour venir me rechercher.

À un moment donné, mon père découvrit une maison à Reutlingen, gérée par la « Fondation Mutter Werner[2] ». Lors d'une brève conversation avec l'une des responsables, on l'informa que cette fondation était surtout destinée aux orphelins et aux enfants dont les parents ne pouvaient pas ou plus s'occuper. En ce qui me concernait, je serais sûrement mieux dans leur maison-mère de la « Fondation Gustav Werner » à Bad Ditzenbach, maison spécialisée dans l'accueil des garçons difficiles à éduquer. À huit ans, j'ai donc fini par y échouer.

La maison se trouvait sur un grand terrain et ressemblait à un immeuble d'habitations multiples sur trois étages : au rez-de-chaussée, il y avait les bureaux, les salles de classe et une pièce pour la « pastorale » où un prêtre – ou un pasteur – offrait occasionnellement ses services. Aux étages supérieurs se trouvaient les dortoirs, les chambres, la cuisine et la pièce commune. À chaque étage, il y avait un éducateur responsable, le mien s'appelait M. Swoboda. Le directeur de la maison s'appelait M. Ärmler et j'allais lui occasionner bon nombre de maux de tête. Mais M. Swoboda a cru en moi jusqu'au bout.

Dans la grande cour, nous pouvions nous amuser pendant notre temps libre, la table de ping-pong m'attirait particulièrement. Un peu en contrebas se trouvait une grande prairie sur laquelle nous étions autorisés à jouer au football, toujours

---

2. La *Mutter-Werner-Stiftung*, située à Reutlingen, était alors une maison d'accueil pour orphelins et enfants en difficulté. Aujourd'hui, c'est un home pour personnes âgées.

durant notre temps libre. Mais j'étais rarement un joueur *fair-play* et les autres joueurs encaissaient de nombreux coups de ma part. Si quelqu'un me regardait de travers, il recevait très vite mon poing dans la figure, avant qu'il ait pu dire « Oh ! ». Avec enthousiasme, je participais aux bagarres et, prenant la tête de l'autre entre mes mains, je la frottais contre le mur jusqu'à ce que le sang coule. C'était pour moi un jeu macabre qui me permettait d'étudier combien de temps il fallait aux différents gars pour se mettre à saigner.

Durant la semaine, nous devions suivre les cours dans la classe correspondant à notre âge, mais j'y étais rarement. La plupart du temps, on me trouvait dans l'immeuble voisin où habitait une dame âgée qui tenait un débit de boissons, je l'aidais dans son commerce. Mais je mettais souvent l'argent des clients dans ma propre poche.

Un matin, je partis de là, sans prévenir, pour prendre le train en direction de Leonberg. Ma sœur y vivait dans une famille d'accueil. Bien sûr, je n'avais pas de billet de train pour ce voyage, mais, heureusement, je ne fus pas contrôlé. Je savais qu'il me fallait être de retour pour le repas du soir, mon absence ne serait pas remarquée avant. Ma sœur était là et elle manifesta sa joie de me revoir. Tandis que moi, tout ce que j'ai fait, c'est de profiter d'un moment d'inattention de ses parents d'accueil pour voler l'argent liquide dans leur porte-monnaie et leur portefeuille. La veste avec le portefeuille pendait là, bien en vue sur le porte-manteau, et le portefeuille était posé sur un meuble à proximité, j'eus juste à allonger le bras pour le prendre… ce fut trop tentant.

Sur le chemin de la gare, je fis un crochet vers un bureau de tabac où je m'offris, avec l'argent volé, une superbe pipe, joliment décorée, et un petit paquet de *Flying Dutchman*, un tabac qu'on disait être particulièrement bon. Avec le reste de mes sous, j'achetai mon billet de train, ne voulant pas que cette escapade si « réussie » échoue à cause d'un éventuel contrôle des billets dans le train.

Revenu à la pension, je vis M. Ärmler à la porte. Je compris tout de suite : un appel m'avait dénoncé. Sans mot dire et sans tenir compte de mes protestations, il me saisit par le bras pour m'entraîner vers les bâtiments où se trouvaient les cellules de punition. Les enfants qui avaient commis une faute importante contre le règlement devaient y passer la journée ou le week-end selon la gravité du délit. Je connaissais bien ce genre de « chambre » : un lit, une table, une chaise et une armoire, avec une petite fenêtre aux barreaux métalliques solidement bétonnés. On me fouilla soigneusement et l'on trouva sur moi la pipe et le tabac, mais pas l'argent volé, et pour cause : je m'étais débarrassé de ces éléments gênants en payant mes achats.

Pourtant, j'aurais pu être découvert, car le père d'accueil de ma sœur avait l'habitude de marquer ses billets de banque par de minuscules piqûres d'épingle. En théorie, cela aurait dû permettre de m'identifier comme l'auteur du vol, mais ces billets, avec leurs traces d'aiguilles, se trouvaient maintenant tout au fond de la caisse du bureau de tabac. Étant donné qu'on ne pouvait rien prouver, je suis resté dans cette cellule deux jours seulement. M. Ärmler est venu en personne s'excuser de m'avoir accusé à tort. Quel triomphe pour moi, malgré la perte de ma si belle pipe qui ne m'a jamais servi, ne serait-ce qu'une seule fois ! Ma sœur, déçue par mon attitude et profondément blessée par cet abus de confiance, ne voulut plus me voir à partir de ce jour-là.

À Bad Ditzenbach, on découvrit cependant un autre de mes talents cachés : mon oreille musicale et mon doigté sur les cordes d'une guitare. J'avais toujours voulu apprendre à jouer de cet instrument, mais mon père ne me l'avait jamais permis. Pourquoi faire les frais d'une guitare alors que j'étais dépourvu de toute persévérance ? Ç'eût été jeter de l'argent par les fenêtres. Mais moi, je voulais absolument apprendre à jouer de la guitare !

Il se trouvait que mon tuteur, M. Swoboda, était fou de musique. Parfois, tôt le matin, il se mettait à la fenêtre et jouait de la trompette retentissante pour nous réveiller. Il aimait la musique et aimait tous ceux qui en étaient amoureux. Il jouait lui-même de la guitare et voulait me l'apprendre, disait-il à mon père. Ce dernier se laissa convaincre. Mais à une condition : pendant un an, je devais d'abord apprendre à jouer de la flûte, afin de démontrer que j'avais du mordant et de la persévérance. Ce projet représentait pour moi une condamnation à mort.

Personne ne jouait de la flûte à bec au foyer. Je dus m'inscrire dans une école primaire locale pour suivre ces cours. Là, assis en cercle, dans une grande pièce, j'étais le seul garçon, entouré d'une quarantaine de petites filles. Derrière nous, il y avait un piano et toutes sortes de xylophones, des percussions et une série de clochettes. Devant nous, nos pupitres en tôle sur lesquels était posé notre cahier de partitions de couleur rouge vif. Au nom de *Spelemann, commencez !*, nous nous torturions avec des chansons telles que *Summ, summ, summ, Bienchen summ herum* (« Bzz, bzz, bzz, bourdonne, petite abeille »…) et *Ein Vogel wollte Hochzeit machen*[3] (« Un oiseau voulait se marier »)…

---

3. Deux ritournelles connues des écoliers allemands.

Et je persévérai ainsi sans fléchir pendant toute une année. Alors mon père, le regard élogieux, me remit une toute nouvelle guitare, que j'ai gardée comme la prunelle de mes yeux et qui fut soigneusement rangée dans ma chambre. M. Swoboda me donna des cours et j'ai vite appris à jouer de la guitare, plutôt bien d'ailleurs. La musique a toujours été un domaine lumineux dans ma vie.

Jost, un autre garçon du foyer, prit un jour ma chambre d'assaut en prétendant que j'avais volé ses chaussures de football. Ce n'était pas tout à fait improbable – mais, dans son cas, j'étais innocent. Bien que je le lui aie dit, il se mit tout de même à fouiller mes affaires et à ouvrir de force mon placard. Je ne pouvais pas accepter cela et je lui ai crié dessus, plein de colère. Comme il n'arrêtait pas, je pris ma guitare et, avec l'instrument, lui tapai sur la tête. La guitare se cassa immédiatement tandis qu'il hurlait. Je l'avais frappé avec le tranchant de l'instrument, si bien que le sang coulait de deux grandes blessures sur le crâne. Jost dut être recousu, et son père – policier – me fit vivre un enfer. De plus, ma belle guitare était brisée.

Swoboda, voyant que la musique avait sur moi un effet calmant et structurant, m'acheta, avec son propre argent, une guitare d'occasion. Cela réussit à mettre un sourire sur mon visage, si souvent crispé. Il le fit aussi pour que mon père ne réalise pas ce qui était arrivé, sinon j'aurais eu de nouveaux ennuis. Swoboda exerça une bonne influence sur moi, il m'impressionna durablement par sa bonté envers moi, malgré mes bêtises.

Cependant, à un moment donné, Swoboda et Ärmler ont dû admettre qu'ils étaient dépassés et n'arrivaient pas à m'aider. Un beau jour d'été, mon père reçut donc l'appel redouté : il devait venir me chercher. C'est ce qu'il fit, mais il ne me ramena pas à la maison, il me conduisit directement à Urspring, au Centre de loisirs chrétien Rösch, où, durant tout l'été, j'ai désherbé, nettoyé l'écurie et ramassé des pommes de terre. Quand mon père est venu me rechercher, j'ai vu le responsable du centre, Abraham Rösch, donner à mon père l'argent que j'avais gagné. C'était le gain de mon travail de l'été. Alors, quelle ne fut pas ma déception quand je compris que mon père n'allait pas me remettre cet argent ! Il garda tout et moi, je ne reçus jamais le moindre centime.

Entretemps, mon père avait exploré une nouvelle possibilité d'hébergement pour moi : le château de Kaltenstein à Vaihingen-sur-Enz, un établissement connu de « l'Œuvre des Villages Jeunes Chrétiens » (CJD). Ce château tentaculaire était impressionnant, surtout pour un adolescent comme moi. Bâtisse du Moyen Âge, il consistait en un château majestueux du xvi e siècle, entouré de vignobles situés en hauteur, juste au-dessus de Vaihingen et de la rivière Enz. Une imposante porte en bois annonçait l'entrée dans un autre monde. Les murs du château s'élevaient à des mètres de hauteur au-dessus du sol, les passages sombres entre ces hauts murs étaient aussi fascinants que terrifiants. Depuis la cour, on pouvait apercevoir un immense bâtiment qui semblait avoir été jeté là comme le résultat de plusieurs époques, avec ses tours épaisses et ses petites fenêtres. L'ancien cloître en pierre n'invitait pas à flâner, mais les nombreuses directions, coins, recoins et couloirs m'ont aussitôt beaucoup excité, principalement parce qu'ils se révélaient merveilleusement adaptés pour aller de A à B sans être vu ni détecté. De toute la zone, sillonnée de passages secrets et de souterrains, j'ai rapidement fait ma deuxième « maison ». Certains des passages menaient à l'intérieur du bâtiment, d'autres finissaient à l'extérieur et étaient donc parfaits pour des excursions en toute liberté.

Mon souterrain préféré était celui qui menait à l'ancienne salle des chevaliers avec sa table imposante au milieu, et les nombreuses et lourdes chaises disposées autour. Sur un des murs, il y avait une grille et, derrière la grille, un couloir sombre et bas qui se terminait à l'extérieur, derrière le château et les vignes. Parfois, j'allais au marché de Vaihingen pour y voler de la nourriture. Parfois, j'arrivais aussi à subtiliser de l'argent dans la caisse d'un étal du marché. Je ne sais pas si les éducateurs connaissaient les passages secrets ou s'ils avaient une raison pour ne pas empêcher leurs élèves de sortir, car je n'étais pas le seul à emprunter ces chemins d'évasion, d'autres garçons du château utilisaient également ces souterrains qui permettaient de sortir très rapidement.

Lors d'une de ces «excursions», je suis allé à la gare prendre un train pour Francfort-sur-le-Main. Dans les couloirs de ce train, j'ai couru en jetant un coup d'œil dans les compartiments pendant que le train filait vers le nord. Découvrant un porte-feuille sortant d'une veste suspendue à un crochet, je n'ai pas résisté à la tentation… Le propriétaire dormait profondément, personne d'autre n'était là et, rapidement, j'ai attrapé l'objet de mes désirs. Lorsque nous sommes arrivés à Francfort peu après le vol, j'ai sauté du train et je me suis enfui avant qu'on ne pût donner l'alarme et me prendre en flagrant délit. Assis sur un banc, j'inspectai le portefeuille de plus près. J'eus du mal à en croire mes yeux : il contenait 2800 DM[4]. Je n'avais jamais eu autant d'argent en main, aussi j'établis mon plan : rester à Francfort et vivre la belle vie aussi longtemps que je le pouvais. L'ami Peter, un autre garçon du château de Kaltenstein, était originaire de Francfort et je connaissais son adresse. Je me fis conduire chez lui, sonnai à la porte et me présentai en donnant ma véritable identité : Wilhelm Buntz, du château

---

4. Environ 1430 €.

de Kaltenstein. Cependant, j'affirmai sans sourciller que mon temps au château était terminé et que j'avais besoin d'un logement jusqu'à ce que je trouve quelque chose à moi. J'osai ajouter que leur fils Peter m'avait envoyé.

Pendant deux mois, je vécus chez les parents de Peter, mangeant au restaurant, allant au cinéma, flânant le long du Main avec une petite amie et gaspillant « mon » argent de toutes les façons possibles. Bien sûr, j'étais aussi attiré par le quartier Rouge (un quartier mal famé aux alentours de la gare de Francfort). Une nuit, dans l'une des boîtes de nuit que je fréquentais, une dame légèrement vêtue m'accosta parce qu'elle suspectait que je n'avais pas encore 18 ans. Après lui avoir raconté mon histoire, je fus, gentiment mais fermement, jeté dehors. Ce n'est que lorsque l'argent fut épuisé que j'emballai les quelques affaires achetées pendant cette période et que je retournai au château. Là, mon retour inattendu n'étonna personne.

Bien entendu, au château de Kaltenstein, on devait aller à l'école – en théorie. Personnellement, je n'y suis allé que très rarement. Une cinquantaine de fois, en tout, je me suis enfui de là et, à chaque fois, pour plusieurs jours de suite. L'un de mes certificats d'études portait d'ailleurs, à côté des matières comme mathématiques ou allemand, cette remarque en demi-teinte : « L'élève Buntz n'a pas pu être noté, il n'a pas suivi les cours ! » Au lieu de cela, j'ai testé toutes sortes de savoir-faire : menuiserie, ferronnerie, peinture... ces matières-là m'occupaient des heures durant.

Ce que j'aurais surtout aimé faire était de m'occuper des filles. Non pas parce que j'aurais aimé être en couple, mais parce que j'avais une grande joie à les humilier, surtout en leur coupant ce qui était alors l'attribut féminin presque obligatoire : les tresses. J'avais entendu dire qu'à proximité existait le « Niefernburg », un établissement mixte. J'échafaudai donc un plan : je me plaignis à mon père que le méchant gérant de la maison de Kaltenstein me frappait. C'était vrai, mais, à l'époque, les petites tapes étaient tout à fait normales et courantes dans l'éducation d'un foyer pour jeunes en difficulté. Néanmoins, mon père réussit à me faire transférer à Niefernburg. On ne m'y supporta pas plus de quinze jours, car après l'atterrissage des premières tresses tombées, j'étais de retour au château de Kaltenstein avec un directeur énervé qui m'avait de plus en plus à l'œil.

Ainsi s'écoulait alors ma vie à Kaltenstein. Vint ce jour où l'on me dit : « Helme, vous avez un visiteur ! » Devant moi se tenait une femme plutôt gracieuse, tenant une fillette à la main. Je compris tout de suite qu'il ne s'agissait pas de n'importe qui. Je pensai d'abord que c'était l'une de mes sœurs, à cause de la ressemblance, mais elle était trop âgée pour cela. Je ressentis pourtant une étrange attirance envers cette inconnue. Qui pouvait-elle être ?

La femme qui se tenait là me regardait avec un mélange de fascination et de quelque chose d'indéfinissable, un peu comme une tante qui n'a pas vu son neveu depuis de nombreuses années et qui va dire : « Mon garçon, comme tu as grandi ! » Les mots qui sortirent de sa bouche me figèrent : « Bonjour, Helme, dit-elle d'une voix à peine audible, je suis ta mère. »

Mon sang se glaça dans mes veines. Ma mère ? Le monstre ? La p…, comme beaucoup l'appelaient, qui m'avait abandonné au bord d'un champ et que je n'avais pas revue depuis ? Celle qui avait dit à mon père : « Helme aurait mieux fait de crever dans son fossé ! » Et maintenant, elle était là, devant moi, comme si de rien n'était ? Le comble, c'est qu'elle souriait ! La petite fille qu'elle tenait par la main me fut présentée comme étant ma sœur Anneliese.

Jusqu'à présent, j'ignorais l'existence d'une sœur du nom d'Anneliese. Quand mon père avait banni ma mère, elle était enceinte d'Anneliese, sans le savoir. Nous nous sommes assis et nous avons parlé ensemble, pendant un long moment, dans une ambiance étrange, faite à la fois d'intimité et de distance. Elle était ma mère. Mais elle m'avait abandonné, elle n'avait jamais voulu de moi, elle m'avait chassé de sa vie. Pourquoi était-elle venue jusqu'ici ? Le remords la rongeait-il ? Éprouvait-elle le désir aujourd'hui de retrouver son fils ? Voulait-elle me voir souffrir ? Je ne savais pas, je ne comprenais rien et j'étais catastrophé. J'avais une forte haine envers elle, mélangée à un amour profond, inexplicable. Je me sentis plongé dans une vague d'émotions des plus violentes, comme jamais encore je n'en avais vécu.

Je ne discernais pas clairement ces motifs, mais une étincelle d'espoir brillait en moi : peut-être que cette femme avait changé et qu'elle voulait maintenant me faire sortir d'ici ? Peut-être que ma vie allait être différente et meilleure à partir de maintenant ? Je réalisai soudain à quel point j'avais envie d'une famille, d'une maison avec des gens qui m'aimeraient et qui ne me voudraient pas de mal. Et, surtout, des gens envers qui je n'aurais plus de reproches à me faire, une position à défendre ou contre qui je devrais me battre pour gagner ma place. Une maison où je serais accepté et aimé tel que j'étais.

Un mouvement de sa part, vu du coin de l'œil, me tira brusquement de mes pensées et me fit frissonner : elle ferma son sac à main avec un petit clic. Juste son sac à main et, d'instinct, je sus ce que ce mouvement voulait dire… je n'avais rien à attendre d'elle !

Elle se leva lentement de sa chaise et, dans ce moment si important et crucial, elle dit brutalement : « Helme, nous devons partir, maintenant ! » Tout l'espoir qui s'était échafaudé au cours de cette dernière heure s'envola, et une certitude se fit jour dans mon esprit : à ces mots, tous mes espoirs d'une vie meilleure, en dehors des murs de ce foyer où les éducateurs frappaient leurs élèves et où la survie était une lutte quotidienne, ces espoirs qui avaient surgi en sa présence venaient de voler en éclats. Elle me laissait ici et retournait à Laupheim avec Anneliese, sans moi. Une fois de plus, elle m'abandonnait à mon sort.

Une demi-heure plus tard, j'étais debout en haut du mur du château et je regardais la petite gare de Vaihingen. Ma mère et Anneliese se tenaient comme des figurines miniatures sur le quai de la gare ; je vis le train venir de loin, s'arrêter et engloutir en lui les deux figurines. Avec elles, tout espoir s'en alla. Si j'avais pu pleurer, j'aurais sûrement à ce moment sangloté à chaudes larmes. Mais je ne pleurai pas. Je ne me rappelais pas avoir jamais su pleurer de ma vie. Je m'étais interdit de ressentir quoi que ce soit. Cela m'aurait tué. Cette femme avait percé, pour un court instant, ce mur protecteur que j'avais érigé autour de moi jusqu'à atteindre et bouleverser mon cœur. Si elle avait réussi à faire tomber ce mur, je pense qu'alors, son départ soudain m'aurait tué. Aussi, pendant ce qui me sembla être des heures, je continuai de regarder fixement au loin, après que le train disparut derrière l'horizon.

Ce ne fut pas sa dernière visite, elle me prit même un jour avec elle à Laupheim où elle habitait et tenait un restaurant du nom de *L'Aigle*. Je n'avais pas le droit d'y rester longtemps et je lui ai demandé un jour pourquoi personne ne voulait de moi, même pas ma mère. Qu'est-ce que j'avais donc, une maladie repoussante ou quoi d'autre ? Moi, en tout cas, je me sentais comme un lépreux. Extérieurement, je me montrais dur et froid, mais, intérieurement, je ne désirais qu'une chose : un peu de chaleur et un accueil inconditionnel. Résidant à Vaihingen, j'eus un aperçu dans ce domaine.

Pour faire cette expérience, j'ai commencé par chiper de l'argent dans la caisse commune de notre petit groupe, suffisamment pour faire un petit voyage en train jusqu'à Stuttgart. Arrivé là-bas, je me promenai dans la Königstrasse (la « rue du Roi »), me laissant porter par la foule, tournant à gauche et à droite, flânant dans les ruelles, regardant les vitrines et me laissant finalement tenter par le parfum d'une *curry-wurst*[5], préparation du légendaire restaurant « Zum-Zum ».

Soudain, mon regard tomba plus bas dans la rue sur une maison à la façade rouge-blanc-bleu, dans laquelle des hommes entraient et sortaient continuellement. Je les suivis avec curiosité et me trouvai ainsi au beau milieu du plus grand bordel de Stuttgart. Une de ces « dames » vint vers moi, croyant sans doute que je m'étais trompé d'endroit. Elle se présenta comme Rosi et me demanda très gentiment : « Que veux-tu, petit ? » Tout ce qui m'intéressait alors, c'était de manger quelque chose et je le lui dis. Alors, elle partit vite me préparer un repas qu'elle me servit en s'asseyant à mes côtés. Je lui racontai la moitié de mon histoire (en exagérant quelque peu) de cette mère qui m'avait abandonné et qui me rejetait encore aujourd'hui, du château de Kaltenstein où le responsable me maltraitait et, surtout, je lui confiai que j'étais seul et malheureux, sans amis. Rosi était visiblement secouée et m'écoutait attentivement. C'était une professionnelle de la proximité physique et sexuelle, ça je l'avais déjà compris, mais cela m'importait peu. Elle s'intéressa à mon sort, elle m'écouta et elle s'inquiéta de moi, tout cela dans un coin sombre du plus grand bordel de Stuttgart. Cette p… de la maison tricolore m'a donné plus de proximité émotionnelle, plus de sécurité, plus d'amour

---

5. NdT : une saucisse chaude au curry.

sincère que ma propre mère : celle que l'on qualifiait de p…
n'en était pas une pour moi.

C'est bien là que Rosi devint une mère pour moi, au point
que j'aurais voulu ne plus jamais quitter cet endroit, mais,
hélas, ce n'était guère possible. Alors que je partais, Rosi me dit
que je pouvais revenir la voir ici n'importe quand. S'il m'arrivait quelque chose, elle serait toujours là pour moi. Oh ! pour
ça, pas de souci, j'allais y veiller… c'est ce que je suis promis
tout en courant jusqu'à la gare.

À Kaltenstein, je me mis d'emblée à provoquer le responsable du foyer. Je le réprimandais, lui jetais au visage des tas
de choses injustes et je refusais, systématiquement, d'écouter
et d'exécuter les ordres qu'il aboyait. Cela n'a donc pas duré
longtemps avant que je ne reçoive les coups que j'espérais.
Maintenant, j'avais la justification nécessaire pour m'enfuir
et retourner auprès de Rosi, ce que je fis immédiatement. Six
heures après l'avoir quittée, j'étais de retour pour sonner à la
porte de la maison tricolore et demander à parler à Rosi.

Je ne sais pas exactement si elle se souciait de mon bien-être
ou si elle voulait être débarrassée de moi au plus vite. Toujours
est-il qu'elle appela aussitôt la police, me reconduisit à
Kaltenstein et mit le directeur du foyer face à ses responsabilités. Il fut consterné et comprit tout de suite ma manœuvre et la
façon dont je l'avais manipulé. Je ne sais pas si mes accusations
allaient entraîner des conséquences pour lui, toujours est-il
qu'il affirma que cela ne pouvait pas continuer ainsi. Le lendemain, un bus de police vert, aux fenêtres grillagées, pénétra
dans la cour ; je dus faire mes valises et monter dans le bus.
Je constatai rapidement que, désormais, la vis allait être fortement resserrée.

La destination du voyage était la petite ville bavaroise de Peiting. Il me fallut des heures de patience avant que la voiture ne s'arrête enfin et que je puisse sortir. Là, je fus accueilli par M. Wolfgang Egle. Il me conduisit dans une maison à deux étages du nom de *Friedenshort* (« le havre de paix »). Je gravis un escalier, puis descendis un couloir pour aboutir dans une pièce meublée simplement : un lit, une table, une chaise, une armoire. Devant la fenêtre, je remarquai des grillages peints en blanc. Lorsque M. Egle, après un court mot d'accueil, me quitta en fermant la porte à clé derrière lui et que je découvris que ladite porte n'avait ni clenche, ni poignée à l'intérieur, je compris que, désormais, je n'étais plus un enfant de foyer, mais un véritable prisonnier. Sans aide extérieure, je m'étais moi-même fabriqué la situation dans laquelle j'étais en ayant abouti dans ce nouveau lieu nommé « Herzog-Saegemüllerheim ».

Chaque fois que je me sentais agressé, poussé dans le coin, je frappais en retour. Les restrictions subies et la méfiance générale ne m'ont pas conduit à une plus grande coopération. Au contraire. Tant pis pour M. Egle, sa femme et sa petite fille Renate qui vivaient au même étage et qui firent tout leur possible pour me faire entrer dans le groupe des douze garçons qui essayaient de s'intégrer dans le quotidien d'une vie familiale. Je ne voyais aucune raison de faire le moindre effort pour cela.

M. Egle m'a beaucoup parlé au cours des premiers jours. D'une façon ou d'une autre, il découvrit que je montrais un intérêt particulier pour le métier de pâtissier. Peut-être parce que j'aimais tout ce qui était sucré ? J'ai donc intégré le secteur de la boulangerie et y ai travaillé durant quelques jours. M. Egle avait eu le nez fin, car ce métier me plaisait et je commençais à apprécier mon travail. J'avais enfin trouvé quelque chose pour lequel cela valait la peine de se lever tôt et, qui plus est, une tâche concrète qui inspirait de la reconnaissance. Or, un matin, je me réveillai avec une terrible démangeaison.

Je commençai à me gratter sous la couverture et je constatai à quel point ma peau était irrégulière. Sautant du lit, j'ai couru vers le lavabo. Un visage ressemblant à un *crumble* me fixait dans le petit miroir. Alors, je courus pour aller frapper à la porte de la famille Egle. Ce dernier, tout aussi choqué que moi, me conduisit immédiatement à l'hôpital. J'avais développé une forte allergie à la farine – mon apprentissage de pâtissier était terminé.

Quand je sortis du service de dermatologie de la clinique quelques jours plus tard, je compris ce que signifiait la pâtisserie pour moi : je venais tout juste de découvrir, avec joie, que je pouvais être utile à quelque chose, mais cet espoir était maintenant balayé, une fois pour toutes. À partir de ce jour, je fus d'humeur maussade, sans plus aucune envie. Je n'allais même plus à l'école assister aux cours. À la place et à chaque occasion, je jouais au tennis de table – c'était peut-être ma façon de gérer l'absence de mon père. Sinon, je restais assis à ne rien faire, rien d'autre que de prendre en main ma guitare, ma fidèle compagne, pour jouer notamment des airs comme : *House of the Rising Sun*[6], *Blowin' in the wind*[7], *Where have all the flowers gone*[8].

Ces chansons touchaient mon âme meurtrie, elles dégageaient une atmosphère de révolte et d'insurrection dans lesquelles je me reconnaissais. Sinon, je vivotais au long de mes journées, tout en resserrant toujours plus l'armure autour de mon cœur endurci. Cela signifiait aussi que quiconque osait

---

6. NdT : chanson de *The Animals*, 1964.
7. NdT : chanson de *Bob Dylan*, 1962.
8. NdT : chanson de *Pete Seeger*, 1955.

égratigner mon ego allait connaître le goût du sang. J'étais tout le temps impliqué dans les bagarres et donc souvent puni de cachot, qui existait ici également. Bien vite, je reçus le surnom de « Willi-Bain-de-Sang » parce que je frappais mes adversaires jusqu'à ce que le sang coule.

Je ne me sentais pas membre de ce groupe familial, bien au contraire, car je cherchais plutôt à le débarrasser de ma personne, en foutant le camp d'ici. Mais ce n'était pas aussi facile que dans les autres foyers. Pourtant, avec mon ami Hans, nous avions échafaudé un plan d'évasion qui nous semblait parfait : la promenade que nous allions tous faire ensemble devait nous permettre de réaliser notre projet. Après avoir traversé ensemble la forêt, nous avions atteint la clairière où nous allions faire des grillades. Alors, pendant que le reste de la troupe ramassait du bois pour le feu, tous les deux, Hans et moi, pourrions nous absenter pour du bon. Nous l'avons fait discrètement et secrètement. Nous avons retraversé la forêt jusqu'à ce que nous arrivions à une voie rapide avec des panneaux indiquant Rosenheim et Munich. Cela sonnait bien ! Levant le pouce, tout en marchant le long de la route, nous espérions que quelqu'un nous prendrait, rapidement, en auto-stop. Une voiture s'est effectivement arrêtée, elle était de couleur verte et avait une lumière bleue sur le toit. Pas de chance, c'était une voiture de police.

Nous nous sommes retrouvés dans une sorte de hall d'accueil où M. Egle dut venir nous chercher. Notre « récompense » pour cette tentative d'évasion fut le cachot pour une semaine. Fini le rêve de liberté ! (Des années plus tard, je retrouvai Hans qui était incarcéré à Bruchsal, avec le verdict : prison à vie. Il avait fait la même « carrière » que moi.)

Cependant, par une belle journée lors d'une excursion quotidienne, la rumeur d'une nouvelle possibilité d'évasion sembla se présenter : un week-end de camping en Autriche. Nous étions tous super excités et les murmures allaient bon train. Pour la plupart d'entre nous, une telle virée représentait un changement bienvenu dans le quotidien, mais, pour moi, ce fut davantage que cela. J'ai immédiatement pressenti la chance de pouvoir enfin sortir d'ici, et pour de bon.

Le soir, allongé sur mon lit, j'imaginais différents scénarios d'évasion. Cette idée me donnait des ailes. Serait-ce faisable de s'en aller ? Y aurait-il une barrière à escalader, une clôture infranchissable à vaincre ? Jusqu'où devrais-je aller avant que l'on remarque mon absence et qu'on se lance à ma poursuite ? Combien de temps pourrais-je rester dans un pays étranger, sans nourriture et sans argent ? Où pourrais-je dormir ? Que devrais-je emporter d'ici et comment sortir du pays mon espèce de « contrebande » ? Les idées se précipitaient dans ma tête et mon plan d'évasion prenait forme, pour devenir de plus en plus concret. Une fois en Autriche, j'allais fuir et cela, coûte que coûte !

Souvent, je parlais d'évasion – et de la meilleure façon de sortir d'ici – avec Max, un autre garçon du groupe. Je pensais qu'il serait un éventuel compagnon de fuite et c'est ainsi que je lui confiai mon plan. Immédiatement, il fut enthousiaste et, ensemble, nous espérions que ce rêve devienne vite réalité. C'est donc avec une grande impatience que nous attendions ce jour où M. Egle allait enfin réunir notre groupe pour nous annoncer la bonne nouvelle. Ce jour-là, nous étions tous assis en rond et M. Egle nous regarda chacun de manière significative. Puis il prit une profonde inspiration et confirma, en quelques mots, ce que nous espérions : l'excursion aurait bien lieu. Nous irions à Heiterwang, petite ville du Tyrol située à 60 kilomètres de là, un trajet d'une bonne heure en bus. Et M. Egle s'enthousiasma : le camping était au bord du lac, au milieu de belles montagnes, avec de nombreuses possibilités de baignades, de randonnées… En silence, j'ajoutai à cela, en souriant à Max : pour s'éloigner, mine de rien. Et j'imaginais ce lac entouré de montagnes, avec Max et moi assis sur un rocher et regardant M. Egle et son épouse nous cherchant, désespérément, dans la vallée.

Puis Egle nous annonça qu'il avait bien réfléchi aux participants qui feraient cette excursion. Je fus soudainement sur le qui-vive et mon cœur s'arrêta de battre. Si la question se posait, il était évident qu'en haut de la liste de ceux qui allaient rester figurait mon nom ! Mon corps tremblait, ma gorge se serrait et je sentais mes doigts se crisper dans mes poings serrés. Tous mes espoirs seraient-ils anéantis ? Mes beaux plans d'évasion et toutes mes perspectives de liberté hors de ces murs allaient-ils s'évanouir ? M. Egle m'arracha à mes pensées en ajoutant : « Tous les garçons sont autorisés à participer à l'excursion, sauf un : Helme ! » Cette phrase me frappa comme un coup de poing en pleine figure et tout mon être se figea. J'avais chaud et froid, et j'éprouvais une colère indicible. Avoir été si proche de la liberté et maintenant… ça ! Avant longtemps, une telle chance n'allait plus se présenter à moi, j'en étais certain. Et me dire que cet homme-là allait m'ôter l'opportunité de conquérir ma liberté pour vivre selon mes règles et selon ce que moi je voulais vivre, ça non ! Je tentai – avec difficulté – de ne pas montrer ma déception. Mais, à ce moment, je ressemblais plutôt à un taureau dans l'arène de Pampelune, devant qui le torero agitait le chiffon rouge. Pour la ressemblance, une chose me manquait encore : gratter furieusement le sol avec mes pieds.

M. Egle sembla remarquer ma colère et, pour compléter ses propos, il ajouta : « En se comportant comme il faut durant les prochaines semaines et en respectant nos règles, Helme a

encore une chance de participer, lui aussi, à notre excursion. »
Je fus sidéré, époustouflé, et ma colère s'envola. Je ne savais
plus que penser. D'un côté, on m'offrait une nouvelle chance
de mettre en œuvre mes plans d'évasion et Heiterwang était de
nouveau à ma portée ; mais, d'un autre, je me sentais incapable
de me comporter rapidement «comme il faut».

Je n'avais encore jamais, dans ma vie, obéi aux règles ; je
détestais ne plus me battre avec d'autres ; et, surtout, j'étais
dégoûté de devoir jouer au bon garçon. Pourtant, je le savais,
c'était ma dernière chance. J'ai dû longtemps fixer Egle d'un
drôle d'air car je réalisai soudain qu'il se détournait de moi.
Mais, par-dessus l'épaule, son regard triste semblait me dire :
« De toute façon, tu n'en es pas capable. Tu resteras donc
ici. C'est clair. » Malgré tout, fortement déterminé, je pris la
décision ferme de faire ce qu'il fallait, à n'importe quel prix.
Ce projet d'Heiterwang m'allait comme un gant pour mon
évasion programmée. C'est pourquoi, s'il le fallait, j'irais même
jusqu'à obéir aux règles détestées de la maison. De retour dans
ma chambre, je fermai ma porte et, jambes écartées, je me
plantai devant la feuille jaunie qui, accrochée à l'intérieur de
la porte, renseignait sur les différentes règles de la maison. Être
à l'heure pour les repas – pas de problème, de toutes façons
j'avais toujours faim ! Être régulier et ponctuel aux heures
d'activités scolaires du groupe – ce serait le plus difficile pour
moi ; pourquoi devrais-je me soumettre à un emploi du temps
établi par un quelconque incompétent ? En général, tenir bon
en classe était pour moi la pire des choses : il fallait rester longtemps assis sans bouger pour regarder et écouter des trucs
ennuyeux, tout en étant constamment rappelé à l'ordre quand
on osait bavarder avec quelqu'un. Les professeurs, quant à eux,
se montraient sévères en enseignant, mais moi je ne comprenais vraiment pas pourquoi je devrais apprendre quelque

chose en mathématiques ou savoir des tas de trucs sur d'autres pays. Bien que… peut-être le professeur allait-il raconter dans les semaines à venir quelque chose sur l'Autriche qui pourrait s'avérer utile pour moi ? Être bien renseigné sur le pays où j'envisage mon avenir ne me fera certes pas de mal.

Mais le plus pénible pour moi était de ne plus suivre les règles non-écrites de ma « loi ». Comme de ne plus riposter quand on m'agressait ; de ne plus tabasser le type qui me regardait de travers ou qui disait du mal de moi. Je constatai que mon sang se glaçait déjà dans mes veines rien qu'à l'idée de ne pas pouvoir punir – et de façon appropriée – une personne qui se serait moquée de moi. Oui, je le savais, les autres allaient en profiter sans vergogne si je n'agissais plus ainsi. Il m'avait fallu travailler dur pour gagner ma place, pour obtenir le respect qu'on me témoignait aujourd'hui. Tout le monde me craignait et me respectait parce qu'on savait qu'Helme ne se laissait pas faire, même à distance. C'était connu : dès qu'on m'embêtait, la punition suivait immédiatement ! Mon statut dépendait de ma capacité à me défendre, quelles que soient les conséquences que M. Egle m'imposait régulièrement avec les punitions. Et maintenant, je devrais tout à coup réfréner mon tempérament colérique ? Ce serait très dur à vivre ! Bien sûr, je savais que je pouvais accumuler quelques bons points à bien des endroits : saluer un enseignant ou un éducateur en passant, au lieu de seulement lui accorder un regard maussade. Ou prêter attention aux cours et m'y manifester de temps en temps. Ou encore, ne pas commettre de faute importante au football. Ou ne pas jouer de mauvais tours aux autres. Cela allait marcher ! Quoi qu'il en soit, je n'avais pas le choix. Mon comportement durant les semaines suivantes allait déterminer si j'avais – oui ou non – une chance d'accompagner les autres en Autriche. Alors, dents serrées, je m'attelai à la tâche et fis ce qu'il fallait, même si je savais pertinemment que c'était exactement ce que M. Egle voulait obtenir en appliquant sur moi sa tactique de l'âne et de la carotte. Mais cela me déterminait encore davantage à mettre en œuvre mon plan d'évasion prévu à Heiterwang : profitant de la nuit, je voulais foutre le camp du camping avec Max, pour ne plus jamais revenir en maison de redressement. Sortir d'ici, c'était tout ce qui comptait ; m'éloigner d'ici à tout prix, pour ne plus jamais y revenir.

Les semaines suivantes furent vraiment difficiles. Souvent, j'étais sur le point de démarrer la bagarre, mais la seule perspective de Heiterwang m'empêchait de tabasser les autres garçons. Je participais aux cours et ne faisais plus mes bêtises habituelles ; je prenais même parfois la parole. Ce changement d'attitude était vu comme une révolution, enfin ! Personne ne soupçonnait les arrière-pensées qui m'habitaient. Les éducateurs pensaient vraiment que ces efforts incroyables de ma part visaient à gagner le droit de passer ces bons moments au lac de Heiterwang avec tous les autres gars. Mais ils se trompaient et avaient grandement tort.

Un jour, à table, Mme Egle avait – comme toujours – posé la nourriture encore fumante sur la table. Mais, au lieu de la distribuer tout de suite, M. Egle a commencé à parler : « La semaine prochaine, nous irons à Heiterwang, du vendredi au dimanche », a-t-il annoncé. Il y eut des acclamations et tous sautèrent de leurs chaises pour applaudir. J'étais le seul à rester assis sur mon siège, regardant l'éducateur avec une attente tendue. Il le vit et, avec un sourire en coin, dans le brouhaha déclenché par cette nouvelle, il ajouta : « Et Helme est autorisé à nous accompagner. »

En entendant la nouvelle de ma présence à cet événement tant attendu par tous, je sentis – immédiatement – l'humeur générale chuter. Personne n'avait le courage d'exprimer son mécontentement à l'égard de cette décision. Mais, à ce moment-là, je pris douloureusement conscience que la plupart auraient été heureux de passer ces quelques jours sans moi. J'étais détesté, rejeté ; tout le monde avait peur de moi. Le respect que les autres me témoignaient était basé – uniquement – sur ma force physique et ma dureté envers tous ceux qui se mettaient en travers de mon chemin. J'étais un loup solitaire, j'avais peu d'amis en fait, Max était sans doute le seul. Ce fut très clair à ce moment-là. Et Max aurait-il été mon ami si je n'avais pas été ce gars si dur ? Je ne sais pas. Prenant conscience de tout cela, je ne montrai pas ce que je ressentais, bien sûr, me contentant de hocher la tête en souriant à la ronde. Je n'étais plus à ma place ici, un loup appartient à la liberté. En mon for interne, j'étais pourtant en fête. « Ils sont tous tellement stupides, pensais-je. Après cette excursion, ils ne me reverront plus jamais ! Jamais ! » Et c'est bien ce qui est arrivé.

Une semaine plus tard, à l'entrée de la maison, nous faisions la queue avec nos valises pleines. Tel un collier de perles rares, nous attendions le carrosse rouillé qui encombrait le chemin. À son volant, un surveillant accompagné de douze garçons excités ; derrière ce véhicule, un autre surveillant conduisait une vieille Opel Record-Caravane, bourrée de nourriture. Egle lui-même ne pouvait pas nous accompagner tout de suite. L'un après l'autre, nous fûmes autorisés à grimper dans le bus, à ranger notre valise dans le porte-bagages et à trouver une place. Pour ne pas mettre en danger mon évasion à l'air libre, je ne voulus pas me précipiter pour prendre une place. Consciencieusement, je laissai donc tout le monde monter dans le bus avant moi. Prenant le siège resté libre du côté couloir, je pris place, assez satisfait, à côté de Max. Je m'assurai quand même d'avoir un siège confortable près de la fenêtre – pas de problème. En d'autres occasions, quiconque se serait assis sur le siège que je souhaitais l'aurait vite libéré. Avoir une raclée de Willi-la-Menace, personne ne voulait en courir le risque. Mais, aujourd'hui, tout était différent. Il ne fallait pas mettre mon plan en péril, aussi je choisis de me tenir tranquille. Le but supérieur à atteindre me faisait tolérer tout le reste.

Le voyage dura un peu plus d'une heure qui sembla être une éternité. Nous dépassâmes le Forggensee, jetâmes un regard sur le château Neuschwanstein qui trônait bien au-dessus de nous, traversâmes Füssen pour arriver à la frontière autrichienne. Tandis que deux agents de la douane vérifiaient nos passeports, je devenais de plus en plus excité. Si ici, à la frontière, il n'y avait aucun problème, il n'y aurait plus d'obstacle à notre évasion. Max et moi avons dû nous retenir pour ne pas nous remettre à évoquer nos plans, même en chuchotant. C'en aurait été fini tout de suite si quelqu'un nous avait suspectés. Alors on parlait du paysage et de toutes sortes d'autres choses insignifiantes, pour ne pas avoir l'air de manigancer quelque chose. Cela aurait probablement dû inspirer de la méfiance à notre égard, mais personne ne le remarqua. Après l'inspection rapide de l'intérieur du bus, les fonctionnaires se montrèrent satisfaits et nous fûmes autorisés à continuer notre route.

Durant le reste du voyage, nous avons regardé par la fenêtre les hautes montagnes qui défilaient devant nos yeux émerveillés. Pour orienter notre évasion, j'essayais de retenir, autant que possible, les noms des villes et des rues autour de nous. Nous devions trouver, le plus vite possible, une bonne cachette, afin de mettre en échec la recherche de fugitifs qui allait sûrement avoir lieu, dès le constat de notre évasion.

Après encore une demi-heure de route, le paysage se transforma en une vallée majestueuse bordée sur trois côtés par des pentes escarpées qui, vertes dans le bas, devenaient de plus en plus arides vers le sommet. Sur notre gauche, une vue plus large s'ouvrait à nous, laissant apparaître un lac bleu-vert dont la surface scintillait sous un soleil de plomb. À gauche et à droite, tout près de l'eau, s'élevaient vers le ciel les flancs des montagnes. Une petite rivière serpentait du côté libre à travers la plaine, en s'écoulant dans le lac, directement à côté du camping. Comme autant de points colorés, de nombreuses tentes et caravanes étaient dispersées sur le site. Derrière le camping commençait la berge où enfants et adultes s'ébattaient ou se reposaient, en évitant les rayons du soleil et ses brûlures. En me disant : voici un pays supportable, je ne me doutais pas à quel point j'allais, bientôt, le détester. Après avoir parcouru la dernière portion de la route longeant le lac jusqu'au camping, nous descendîmes du bus. Sur place, on nous attribua notre zone de camping, située entre des petits chemins voûtés. Nous avons monté nos tentes, supervisés par les éducateurs. Pour le reste de la journée, nous étions autorisés à nous baigner ou à nous défouler dans l'eau, à profiter du soleil ou à jouer au foot. Pour ne pas mettre en danger notre projet, je me suis tenu tranquille.

L'après-midi était ensoleillée, Max et moi étions assis sur la longue jetée menant à l'eau. Hors de portée, nous pouvions parler de la mise en pratique de notre plan d'évasion. Tout au long de la journée, nous avions déjà exploré, discrètement, le terrain et ses environs. L'emplacement de notre tente n'était pas clôturé, ce qui s'avérait excellent pour nous.

Notre plan était, soit de nous faufiler entre les deux maisons à colombages – ce qui ne nous semblait pas très indiqué –, soit de sortir du camping par l'extérieur, puis de courir le long du petit ruisseau, à travers une prairie, jusqu'à atteindre la première étape de notre fuite, le parking. Il était situé en-dehors du camping, le long de la grande route. En voiture, on ne pouvait pas se rendre jusqu'à l'emplacement des tentes et caravanes… Pour notre projet, c'était plutôt un atout. À notre arrivée en bus, nous avions vu une Opel en stationnement. Ce genre de voiture avait la spécificité de démarrer sans clé, du moment que son conducteur retirait simplement la clé de contact, sans la tourner avant de l'ôter, ce que peu faisaient. Nos éducateurs ne se donnaient pas non plus la peine de le faire, je l'avais observé à plusieurs reprises. Avec une telle voiture en notre possession, nous avions la possibilité de faire quelques kilomètres avant que l'on ne remarque notre évasion. Il se pouvait même que l'on ne découvre notre absence que le lendemain matin. Tout ce que nous avions à faire était de tourner, adroitement, la bague autour du démarreur pour que le moteur démarre. Tout se présentait bien.

Cette nuit même allait donc débuter notre aventure vers la liberté. En résumé : longtemps après que les éducateurs se seraient glissés dans leurs sacs de couchage, nous pensions quitter nos tentes et faire le tour du camping, tout comme d'autres promeneurs. Une fois hors de vue, nous allions courir jusqu'au parking, enfoncer la porte de l'Opel repérée, la démarrer et rouler jusqu'à Heiterwang pour y bifurquer en direction de l'Allemagne. Un peu avant la frontière, nous prendrions une route secondaire ou un chemin forestier où nous laisserions la voiture. Cela devrait être un endroit loin de tout contrôle pour y traverser – inaperçus et à pied –, la frontière avec l'Allemagne. Après cela, nous allions nous frayer un chemin d'une manière ou d'une autre, on verrait bien. Notre plan nous semblait parfait !

En attendant le soir, nous nous sommes promenés à travers le camping. De nombreuses tentes et caravanes étaient sans surveillance. Leurs propriétaires étaient sans doute en train de nager, de manger ou de faire une excursion.

Les caravanes et les tentes étaient placées en demi-cercle autour du camping. Beaucoup d'endroits étaient bien cachés – une chance pour nous. Nous avons essayé d'ouvrir les portes des caravanes où nous étions sûrs qu'aucun membre de famille n'était présent ou ne faisait paisiblement la sieste à l'intérieur. L'un de nous deux fouillait alors rapidement les placards encastrés, les tiroirs et les étagères, et l'autre, debout, faisait office de guetteur. Notre butin était bien étoffé. Quand on partait en vacances à l'époque, on prenait souvent pas mal d'argent liquide sur soi. Retirer depuis un pays étranger son argent d'un distributeur était alors assez onéreux.

Dans les tentes et les caravanes, nous avons trouvé tout ce qu'il nous fallait. À chaque fois, nous avons évité de prendre tout l'argent à notre disposition. Il ne fallait surtout pas que l'on remarque trop vite qu'il y avait eu vol et que l'alarme soit donnée. Cela mettrait en danger notre plan d'évasion et nos rêves de liberté, vraisemblablement, pour les prochaines années à venir. Mais personne ne nous a vus. Malgré nos nerfs tendus, nous avons encore bien profité du soleil de l'après-midi avant que ne retentisse l'appel pour le repas du soir. Il y avait bien de quoi remplir nos ventres. Qui sait quand nous aurions l'occasion de faire un tel repas dans les prochains jours ?

Après un temps qui nous sembla interminable, nous nous sommes préparés, comme d'habitude, pour la nuit, avons fait notre toilette, nous sommes brossé les dents, avons mis notre pyjama… et nous sommes glissés ensuite, comme d'habitude à contrecœur, dans notre tente pour dormir (ou faire semblant). Pour ne pas éveiller les soupçons, nous avons agi comme d'habitude. Max et moi avions pris la même tente, une vieille tente militaire avec un toit pointu et deux entrées, l'une devant et l'autre derrière. Nous avions veillé à installer notre tente sur le bord du terrain de camping, de telle manière qu'une entrée se trouvait près de notre feu de camp et que l'autre s'ouvrait vers les buissons de l'extérieur, plantés tout autour du camping. Derrière ces plantations, il y avait une grande prairie, puis le petit ruisseau qui alimentait le lac. Pour qu'on ne fasse pas de bruit plus tard, je fermai déjà la fermeture-éclair de l'entrée devant, tandis que Max ouvrait la fermeture-éclair de la porte arrière, par laquelle nous espérions, bientôt, nous en aller pour de bon.

En attendant l'heure où notre surveillant n'allait sûrement plus nous déranger pour l'une ou l'autre chose, nous avons emballé nos dernières affaires dans nos sacs à dos. À un moment donné, j'entendis des ronflements venant d'une tente proche et, depuis l'hôtel Fischer, nous parvenaient les bruits joyeux des fêtards. Nos surveillants (heureusement dans une tente loin de la nôtre) avaient sans doute disparu dans leur tente ou étaient assis autour de leur feu de camp et parlaient tranquillement ensemble. De toute façon, d'où ils étaient, ils ne pouvaient pas voir ce que nous faisions. Maintenant, cela devenait sérieux. Nous avons pris nos affaires déjà préparées et, en faisant le moins de bruit possible, nous sommes sortis de la tente par l'arrière que Max avait donc laissée ouverte. Nous nous sommes éloignés sur la pointe des pieds, en direction du lac. Le bruit de l'eau du petit ruisseau orientait notre direction et la lune éclairait notre chemin, se montrant de plus en plus lumineuse. Arrivés au ruisseau, hors de vue et hors de portée de voix, nous avons changé nos pyjamas pour des habits de circonstance. Les vêtements de nuit furent vite rangés dans les petits sacs à dos. Comme c'est pratique, ces petits sacs à dos ! Nous les avions pris avec nous en vue du projet de groupe pour le lendemain : une balade en montagne. Nous supposions qu'en découvrant notre fuite, cette balade tomberait à l'eau… Dans chacun de nos sacs, il y avait aussi une gourde remplie discrètement d'eau l'après-midi, quelques bricoles personnelles et l'argent chipé dans les tentes et caravanes. Jetant sur le dos notre sac, nous nous remîmes en route, nous faufilant le long du ruisseau jusqu'au pont. Sans toutefois le traverser, nous prîmes le chemin de gauche en direction de la grande route, vers le parking, notre première étape.

Cherchant l'Opel Record que nous avions aperçue depuis le bus, nous parcourûmes quatre rangées de voitures. Elle était parquée dans la troisième rangée près de la route, si bien que nous ne l'avons pas vue immédiatement. J'ai regardé autour de moi, ai tiré sur la poignée de la porte, mais la voiture était verrouillée. Alors j'ai pris dans mon sac à dos un cintre que j'avais sorti clandestinement de la maison et je l'ai mis habilement entre la fenêtre et la porte. Max faisait le guet, mais, hormis une voiture se dirigeant depuis la ville vers l'hôtel, personne ne vint gêner notre manœuvre. Après quelques essais, nous avons entendu le « clic » tant attendu et la porte s'ouvrit. Vint alors la partie la plus délicate : démarrer la voiture. Les conditions étaient idéales : il faisait déjà nuit, tandis que la vie dans et autour du restaurant battait toujours son plein. À ce moment-là, une autre voiture est arrivée en manœuvrant pour se garer sur le parking. Nous nous sommes accroupis derrière la voiture, tout en regardant le jeune couple sortir leur équipement de randonnée du coffre, avant de se diriger vers le camping. Nous nous regardâmes avec soulagement : une voiture sur le départ n'allait éveiller aucun soupçon. Nous avons jeté nos affaires sur la banquette arrière de l'Opel et nous sommes installés sur les sièges, moi sur le siège conducteur et Max sur le siège passager. Nous avons fermé les portes aussi silencieusement que possible. Conscient de ma petite taille, j'ai fourré sous mes fesses un oreiller que j'avais emporté. De cette façon, je pouvais confortablement voir à travers le pare-brise.

« Sais-tu conduire, au moins ? » me demanda Max et ma réponse claqua : « Non ! » Max ouvrit grand les yeux et je poursuivis, négligemment : « Mais j'ai observé mon père, c'est vraiment très facile ! » Sur ce, je me suis penché sous le volant, essayant de mettre l'anneau autour de la serrure pour la desserrer. La sueur dégoulinait de mon front et Max bougea nerveusement sur son siège, les yeux toujours tournés vers le camping. Pas de panique ! Nos surveillants n'auraient jamais quitté leurs élèves – comme ils nous appelaient – pour une escapade au village, mais ils avaient peut-être oublié quelque chose dans le véhicule et viendraient le chercher une fois les élèves endormis. La sueur coulait de plus en plus de mon front et, à plusieurs reprises, l'anneau glissa de mes doigts mouillés. « Est-ce que tu arrives à desserrer ? » demanda Max et le ton de sa voix, je ne pouvais l'ignorer, était plutôt sceptique. « Bien sûr, ne me dérange pas ou tu vas rester là sur place ! » osai-je lui aboyer en retour – de nouveau le vieux Helme. Max se tut et me laissa faire. Soudain, un bruit de craquement et la voiture démarra. Mais, tout à coup, j'eus un choc : il me vint à l'esprit que j'avais oublié de mettre les vitesses au point mort avant de démarrer. Heureusement, aucune vitesse n'était restée enclenchée, sinon nous aurions eu un vrai problème. Peut-être aurions-nous foncé directement dans une voiture en stationnement ? Ce qui aurait pu attirer du monde. Essayant de ne rien montrer de mes doutes, je regardai Max d'un regard triomphant.

Le bout de mes pieds arrivait tout juste à atteindre les pédales. Je cherchai et actionnai le levier des phares, la lumière se fit et, devant nous, il commençait à faire jour. Comme j'avais vu mon père le faire, j'appuyai sur l'embrayage, mis la marche arrière en contrôlant l'embrayage, tout en lâchant, doucement, les gaz. En fait, la voiture eut tout de même une légère secousse avant de rouler lentement sur le gravier. Mes mains transpiraient de plus en plus. Et si le surveillant tournait au coin et nous voyait juste maintenant ? Mais si j'arrivais à bien extraire la bagnole de cette place de parking, nous serions vite au loin. Ouf, personne en vue ! Tournant le volant et manœuvrant d'une manière ou d'une autre, je réussis à quitter cette place de parking sans toucher une autre voiture. Appuyant de nouveau sur l'embrayage, mettant la première, me dirigeant vers la clôture, en sortant du parking, je tournai dans la direction opposée pour prendre une petite route goudronnée plutôt que d'aller sur la route principale. En accélérant, je me rendis compte que j'étais toujours en première et me mis aussitôt en seconde. À la prochaine bifurcation, nous étions déjà loin du parking. Ralentissant, je tournai à droite vers Heiterwang. Lorsque nous avons traversé la ville déserte, sans avoir croisé âme qui vive, ni d'autre voiture en route, il devait être à peu près minuit.

Dépassant, rapidement, les dernières maisons du village, nous étions maintenant sur une longue et large voie rapide. Conduire commençait à être amusant. Ayant la voiture sous contrôle, je roulais à fond. À gauche, il n'y avait qu'une vaste prairie et à droite, le flanc d'une haute montagne boisée qui, dans son pâle clair de lune, semblait briller d'une couleur froide et majestueuse.

La route serpentait doucement à travers la vallée. Poussant un cri de plaisir, appuyant encore sur l'accélérateur, je serrais les poings sur le volant, le bougeant à gauche et à droite, pour prendre les virages brusquement. Que je me sentais bien ! Magnifiquement bien ! J'étais LIBRE !!! J'étais le roi de la route ! À nos côtés, les arbres sifflaient quand nous passions à côté, à une vitesse folle ; nous laissions derrière nous, à gauche et à droite, des fermes isolées et entendions les aboiements lointains des chiens – mais tout cela disparaissait rapidement pour ne laisser place qu'au pur plaisir. C'était juste merveilleux ! Dorénavant, plus rien ne pouvait nous arrêter. Rien ne nous séparait de la douce liberté à laquelle nous aspirions depuis si longtemps. Rien que… là, sur la droite… En hurlant, les yeux exorbités, Max pointa son index : la police !! La lumière bleue sur la voiture de police ne faisait que se refléter sur les rochers, ensuite nous remarquâmes les flashs qui clignotaient par inter-mittence entre les arbres. Cela me donnait chaud et froid. Comment nous avaient-ils trouvés si rapidement ? Comment se pouvait-il qu'ils aient remarqué si vite notre absence ? Et comment savaient-ils où nous allions ?

Était-ce donc tellement prévisible que nous roulions en direction de l'Allemagne ? Naturellement ! Comme nous étions stupides… Stressé au plus haut point, Max se balançait de haut en bas sur son siège ; quant à moi, j'essayais d'étouf-fer ma panique naissante. Que faire maintenant ? J'allais trop vite, c'était clair. Devais-je freiner ou plutôt accélérer pour leur échapper ? Comme si une voix intérieure me le disait, je résolus de freiner, d'autant plus que la voiture de police venait directement sur nous depuis la droite. Peut-être que nous pourrions encore opérer un demi-tour ou, pour nous cacher, entrer quelque part ? Laisser tomber la forêt ? C'était trop tard pour faire demi-tour ; devant nos phares, un croisement apparut. Nous allions, forcément, y croiser la voiture de police. Je voulus donner un coup de pied sec sur les freins, la voiture hurla – m… ! J'avais appuyé sur la pédale d'accélérateur. Où donc était le frein ? Je ne savais pas, je ne savais plus, c'était la panique.

Finalement, l'intersection arriva droit sur nous. Je voyais vaguement les contours de la voiture de police, lumière bleue clignotant sur le toit, venue nous frôler sur la droite. J'entendis la sirène hurler. L'instant d'après fut rempli d'une détonation assourdissante. Au ralenti, je vis notre voiture s'encastrer dans la portière du conducteur. Voyant le visage surpris et horrifié du policier au volant, je suspectai ce qui se passait. Plus tard, cela devint une certitude : ces deux policiers – car ils étaient deux dans la voiture – ne savaient rien du tout à notre sujet. Ils ne nous avaient ni cherchés ni poursuivis, mais étaient en route à deux vers une tout autre mission. Nous aurions juste dû ralentir, y aller doucement et tout se serait sans doute bien passé. Dans le camping au lac de Heiterwang, notre éducateur dormait probablement déjà profondément ou parlait à sa femme de quelques trucs sans importance. Personne n'avait découvert notre fuite. Si je n'avais pas paniqué, nous nous serions arrêté quelque part sur un chemin forestier, laissant à un endroit peu fréquenté la voiture empruntée pour continuer, joyeusement, à pied, en direction de la frontière allemande.

Mais plus rien de tout cela n'avait d'importance. L'expression surprise du visage du policier fit place à un regard douloureux et tourmenté, tandis que la toiture de notre voiture continuait à s'encastrer de plus en plus dans l'habitacle de la voiture de police. Je réalisai que nous étions violemment projetés d'avant en arrière. C'était en 1972, à une époque où personne, hormis les laboratoires de recherche, n'avait entendu parler d'airbag et nous n'étions pas, non plus, retenus par une ceinture de sécurité.

Notre essieu arrière décolla, faisant également tourner de force la lourde voiture de police autour de son propre axe. De nouveaux coups frappaient nos corps en tombant et retombant de gauche à droite et de haut en bas, pendant que la voiture de police, dans un incompréhensible mouvement, nous arrivait dessus. Soudain, tout mouvement s'arrêta et le calme se fit. La sirène s'arrêta et les moteurs cessèrent de hurler aussi. Seule la lumière bleue continuait à clignoter en solitaire, quelque part à ma gauche. Je gémis et essayai de bouger. Sortir de là fut facile, mais tout me faisait mal. Ma tête était prête à exploser. Cependant, je me sentais encore relativement bien, vu la formidable collision. À mes côtés, Max s'agitait en gémissant. « M… ! » m'exclamai-je. « Es-tu blessé ? » « Sais pas, répondit Max, mais ça semble aller. » « Sortons d'ici ! » suggérai-je en essayant d'ouvrir la porte, ce qui était faisable en forçant quelque peu. Je grimpai hors de l'épave – l'Opel ne méritait pas d'autre qualificatif. Heureusement que ce n'était pas une petite voiture, pensai-je. Max apparut à côté de moi, lui aussi était apparemment miraculeusement indemne. De l'autre côté du carrefour, nous apercevions la voiture bien amochée de la police. Elle avait atterri une dizaine de mètres plus loin. Il y avait des tôles et des débris éparpillés tout autour. L'officier de police, assis sur le siège du conducteur, regardait d'un air bizarre vers le plafond – était-il mort ? De là où nous étions, rien de son collègue assis sur le siège passager n'était visible. Le clignotant bleu, muet, baignait la scène d'une lumière fantomatique.

« Allez ! » dis-je d'autorité en attrapant Max par le bras. En trébuchant sur le verre et le plastique éparpillés et en glissant dans le fourré d'un talus, nous partîmes en courant… les branches d'un bosquet nous frappaient le visage, mais nous nous en fichions. Nous devions nous éloigner ! Et vite ! Restant accroché par le pied à une branche, je tirai sur ma jambe pour la libérer et me rendis compte tout à coup que je n'avais plus ma chaussure. Mais ça n'avait plus d'importance maintenant. Quelque part au loin, une sirène retentit ; quelqu'un avait constaté l'accident et appelé à l'aide. Nous nous dirigeâmes vers une rue plantée d'arbres pour être davantage protégés. Deux voitures de police passèrent à toute vitesse de notre côté. Même dans l'obscurité, nous nous cachâmes vite derrière l'énorme tronc d'un vieil arbre. Quelques minutes plus tard, plusieurs voitures de pompiers arrivèrent, suivies d'une ambulance. Nous étions complètement perdus et désorientés. La carte de l'Autriche, à partir d'une brochure touristique, était dans mon sac à dos resté dans l'Opel accidentée. Nous ne savions même pas si nous marchions vers la frontière allemande ou vers l'intérieur des terres autrichiennes. Et, surtout, nous ne savions pas si cette route-ci nous mènerait quelque part. Mais, étant donné qu'après notre accident, il y eut si vite sur place la police et les pompiers, il devait y avoir une grande route dans les environs.

Après ce qui me sembla être cinq kilomètres (et qui n'en était probablement qu'un seul), nous avons entendu le bruit des pales d'un hélicoptère crépiter. Peu après, son faisceau de lumière continuait à balayer la zone. Sa lumière éclairait la rue tout le long du chemin et nous devions vite sauter derrière un arbre pour trouver une protection. De plus en plus vite, nous essayions de courir pour atteindre l'intérieur de la forêt, ce qui fut plus difficile, car la pente devenait toujours plus raide. En fait, nous aurions dû changer de côté de la route, mais l'autre s'ouvrait sur un long champ. Cinquante ou cent mètres plus loin, encore un autre champ, qui nous aurait sûrement exposés aux regards de ceux qui nous cherchaient.

Mais, à un moment donné, nous avons dû nous décider : ça ne pouvait pas continuer ainsi ! Nous devions aller de l'autre côté pour pouvoir nous sauver dans la forêt. Déjà, plusieurs voitures nous avaient dépassés, suivies d'une deuxième ambulance avec sirène hurlante et feux clignotants. Nous avons attendu pour traverser la route, puis, regardant à droite et à gauche, nous avons vite couru de l'autre côté. Descendant par sauts la petite pente, nous pensions traverser la longue prairie devant nous en quatrième vitesse pour, ni vus ni connus, atteindre la forêt.

Nous étions déjà à mi-chemin des arbres salvateurs quand, derrière nous, éclata fortement et soudainement le bruit assourdissant d'un hélicoptère. Le bruit devenait de plus en plus fort – trop fort à mon goût. Tournant la tête, je vis l'hélicoptère passer juste au-dessus de nos têtes. Aussitôt, nous fûmes enveloppés d'une lumière aveuglante. Ils nous avaient découverts ! Accélérant sur les derniers mètres pour vite atteindre les arbres, plongeant entre leurs troncs, je sentis alors le sol se dérober sous mes pieds et ce fut la chute…

Devant moi, la pente était très raide. « Qui aurait pu deviner ça ? », pensai-je en tombant. Essayant d'arrêter ma chute sur cette pente abrupte, je me cognais et me faisais mal. Je roulais et glissais sans m'arrêter, je goûtais la terre et le sang dans ma bouche, pour enfin atterrir à un endroit plus plat où je pus m'allonger. J'entendis des appels d'en haut. J'essayai bien de me lever, mais ça faisait trop mal. J'entendis Max – qui n'avait pas fait mieux que moi – gémir. Bien au-dessus de moi, je voyais des lampes de poche briller, j'entendais des appels et des cris, mais, avant que je puisse faire quoi que ce soit, des hommes en uniforme arrivèrent. Je m'effondrai. J'en avais probablement fini avec la liberté.

Prison de Bruchsal, 1984

En m'approchant de la boîte aux lettres dans la première aile de la prison de Bruchsal, je me suis rendu compte qu'il y avait encore de l'espoir. Il était peu probable que la boîte aux lettres ait déjà été vidée. Mes préparatifs faits, c'était le bon moment pour repêcher ma lettre. Il n'y avait personne en vue.

Je regardai autour de moi avec désinvolture, soulevai le rabat d'une main et mis lentement le cintre dans la fente de l'autre main. Ça marchait! Je le poussai de plus en plus profondément en veillant à faire attention de bien sentir la résistance des lettres. Ce n'était pas facile, car le rabat ne s'ouvrait pas complètement et l'angle empêchait le libre mouvement avec le support. J'enfonçai le plastique de plus en plus à travers la fente, à l'intérieur de la boîte, toujours dans l'attente de rencontrer une résistance. Pour finir, le cintre se rapprochait de plus en plus du fond de la boîte. Le tenant du bout de deux doigts, rien: la boîte aux lettres était vide. Ma lettre au Procureur de la République restait inaccessible. Ou bien avait-on déjà vidé la boîte? En tout cas, mon cintre ne traversait pas assez profondément la fente pour toucher les lettres dans le fond et encore moins pour arriver à repêcher la mienne.

Je retirai donc la poignée et laissai tomber le couvercle sans me soucier du bruit et du craquement qu'il faisait. J'étais furieux. En colère contre moi-même. J'avais donné ma vie à Dieu, je voulais vivre selon ses commandements; mais cela en valait-il la peine? Et maintenant, à cause de ma franchise, allais-je prendre quinze ou vingt ans de plus en prison? Allais-je être coupé du monde encore plus longtemps que ce que le verdict prévoyait? Je redescendis le long couloir jusqu'à ma cellule en tirant la porte avec une forte secousse. J'étais désespéré. Je regardai la Bible sur la table. Comme elle avait l'air innocente. « *Convertissez-vous et croyez à l'Évangile*[9] ! » Ces versets résonnaient dans ma tête. Je voulais prendre cette parole au pied de la lettre et faire ce qu'elle disait. « Et toi, tu en vaux la peine ? » criai-je en m'adressant au livre. Mais la Bible se montrait, comme prévu, complètement indifférente. « À quoi m'as-tu donc conduit ? » criai-je.

Du poing fermé, je frappai sur la table à côté de la Bible qui fit un petit saut en l'air. Puis je me jetai sur le lit en regardant dans le vide avec apathie. « Seigneur, criai-je intérieurement. Seigneur ! Qu'est-ce que c'est que ça ? »

---

9. Mc 1, 15.

3

CHANCE

Innsbruck, 1972

Déception. Ses yeux en disaient long : j'avais profondément déçu Wolfgang Egle. Il soupçonnait probablement que ce n'était pas une fuite spontanée. Maintenant, il comprenait que je l'avais trompé au cours des dernières semaines. Mon comportement exemplaire, inattendu, ces mots gentils sortis de ma bouche, tout cela n'était que mensonge. Rien que des moyens pour arriver à mes fins. Je me trouvais là, menotté, dans une salle d'audience à Innsbruck. Emmené au siège de la police locale pendant la nuit, j'étais là ce matin. Le juge, l'air maussade, était assis derrière un haut pupitre. Policiers et employés du tribunal étaient là également, ainsi que Wolfgang Egle. J'essayais d'éviter tout contact visuel avec lui, mais, parfois, nos regards se croisaient. Quelqu'un décrivit brièvement les faits, puis Egle dit quelque chose qui m'échappa. Il fut officiellement établi que je n'avais pas de domicile en Autriche, que je n'avais aucun contact avec mes parents et que Egle n'était pas disposé à me reprendre en charge. De toute façon, il ne pouvait pas rester avec moi en Autriche, il devait retourner à Peiting avec les autres garçons. Le juge constata qu'il y avait un risque d'évasion, ce qui était évident puisque j'étais déjà en fuite lors de l'accident.

Puis le juge confirma mes craintes : le conducteur de la voiture de police était grièvement blessé et l'autre policier était mort. Maintenant, je n'étais plus seulement l'enfant gênant d'un foyer de jeunes délinquants, j'étais un criminel. Moi, Wilhelm Buntz, né à Ulm, abandonné par ma propre mère au bout de quelques semaines, battu par mon père pendant toute mon enfance, mal-aimé et insupportable dès le départ, j'étais maintenant un meurtrier. En tout cas, j'avais commis un homicide involontaire. À l'époque, je ne connaissais pas très bien ces termes.

Cette prise de conscience me traversa en un éclair. En même temps, cela me laissa étrangement indifférent, étrangement passif. « Voilà le cours inévitable des événements », pensai-je. Avec apathie, j'écoutai et j'accueillis le verdict : garde à vue jusqu'à l'audience principale. Le ciel était sombre et couvert lorsque nous passâmes la porte haute de la maison d'arrêt d'Innsbruck. La prison. Sur les murs d'un mètre d'épaisseur s'enroulaient des épais fils de fer barbelés. Tout semblait froid et menaçant.

Je me souviens encore que mon père m'avait dit un jour : « Helme, si tu continues ainsi, tu finiras en prison. » À cette époque, je devais avoir cinq ou six ans. De cette même époque, je garde en mémoire l'image d'une ferme avec des étables dans lesquelles on élevait des lapins et des oiseaux. La perspective de la prison ne m'avait pas marqué négativement à ce moment-là. Mais là, dix ans plus tard, je savais que la prison n'avait rien de bon. Rien de bon du tout ! Hélas, cela semblait être mon destin.

Le bus de la police s'arrêta. Menottes aux mains, on me sortit du véhicule. Je traversai l'asphalte mouillé avec deux autres que je ne connaissais pas. La porte de la prison fermée, les menottes me furent retirées. Je dus alors tout enlever, tous mes vêtements et les quelques objets que j'avais sur moi. Une fois toutes mes affaires déposées, on me scanna et je dus enfiler une combinaison gris-beige en tissu grossier. Avec un paquet de draps de lit dans les mains, je traversai d'interminables couloirs sombres jusqu'à ce que nous nous arrêtions finalement devant une porte en acier, ma cellule. Le gardien introduisit une énorme clé dans la serrure tout en la tournant laborieusement. Les clics multiples que cela fit semblaient présager peu d'espoir. Le gardien de service ouvrit la porte en me poussant dans la pièce équipée de quatre lits superposés, deux à droite et deux à gauche du mur. Sur chaque couchette inférieure était allongé un homme. Chacun de ces deux hommes me regardait d'un air sombre.

« De la viande fraîche », dit l'officier aux hommes en se retournant et en claquant la porte, me laissant là, perplexe, derrière la porte close. Les deux occupants me dévisageaient toujours, d'un air sombre et agacé. Ils n'étaient probablement pas ravis d'avoir avec eux quelqu'un de plus qui allait pomper l'air de la cellule. « Eh bien ! qui donc avons-nous là ? » demanda finalement l'un d'eux. En leur communiquant mon nom, il me sembla judicieux d'y ajouter que j'avais tué un flic, me disant que cela pouvait être une bonne base pour m'imposer d'office dans l'ordre hiérarchique d'ici. Aucun d'eux ne répondit. Tous deux continuèrent à me dévorer des yeux. Puis l'un d'eux me fit un signe de tête qui m'assigna clairement l'un des deux lits supérieurs. Je commençai donc à faire mon lit.

Les jours suivants, j'en appris un peu plus sur eux. Emprisonnés pour meurtre, ils étaient agressifs et leur passe-temps prédominant semblait être d'essayer avec moi l'intimidation au niveau sexuel. Je n'ai pas su s'ils étaient vraiment gays, mais ils ne ratèrent jamais une occasion de suggérer que j'allais devoir être à leur service. La seule question restée ouverte était de savoir lequel de ces deux-là aurait le triste privilège d'être le premier. À ce propos, ils se disputèrent pendant trois jours – toujours en ma présence, bien sûr. Je me suis vite rendu compte que tout cela n'était qu'une manœuvre pour m'intimider et me tester.

À un moment donné, je décidai que cela devait finir. Sachant comment obtenir le respect de mes deux co-détenus, j'eus une idée qui pourrait fonctionner. Il y avait un aumônier à la prison, le père Kilian. Ce dernier avait l'habitude d'ouvrir la trappe des portes des cellules et d'y coller la tête pour discuter avec les détenus. C'était fort ennuyeux, je l'avais constaté pendant deux jours. Lorsque, le troisième jour, lors du dîner, il mit sa tête – avec sa belle barbe grise – contre notre trappe, je pris le couteau à pain et, avec l'un de mes poings, je lui attrapai la barbe, puis, la tirant vers le bas, j'appuyai avec force la tête de l'ecclésiastique choqué contre la porte. Kilian tenta de se libérer en se tordant d'avant en arrière. Ce faisant, il se cogna inévitablement la tête sur le cadre de la trappe, mais je ne lâchais pas prise. Au contraire, le tenant fermement, je levai le couteau et, malgré son regard horrifié, l'abaissai d'un coup audacieux et coupai cette magnifique barbe.

Kilian chancela en arrière en hurlant, on aurait dit que j'en avais eu après sa vie. Les gardiens de la prison arrivèrent en courant. Personnellement, je ne les voyais pas. Mais, en regardant derrière moi, je vis avec satisfaction les deux visages admiratifs de mes compères. Dès cet instant, j'avais gagné leur respect, si bien que, pendant tout un temps, ils me laissèrent tranquille. Le problème que j'avais maintenant avec les gardiens, je m'en fichais. Franchement, que représente une barbe aux yeux d'un meurtrier de mon espèce ?

Environ une semaine après, on me transféra dans une autre prison, à Wiener-Neustadt. Mon nouveau « domicile » n'était pas mieux que l'ancien à Innsbruck : murs épais en pierres de taille foncées, couloirs longs et sombres, empêchant toute montée d'un peu de bonheur. Cette prison était plus petite et aussi plus vieille, on le constatait à chaque recoin ; la lumière représentait ici un véritable luxe. L'humeur noire du gardien devait être fortement influencée par cette ambiance lugubre.

Lors d'une des promenades dans la cour, un prisonnier se mit soudain à escalader un paratonnerre. Sous les yeux de tous, accompagné par nos huées, il grimpa plus haut pour se laisser tomber sur l'avant-toit, je crois, du troisième étage. Des gardes accoururent et aboyèrent des ordres.

« Allez-vous-en ! s'écria l'homme, sinon je saute ! » « Tu n'as pas besoin de sauter ! » hurla quelqu'un depuis la gauche juste derrière moi. L'un des gardiens se tenait là, jambes écartées, pistolet en main, prêt à tirer. Il visa l'homme sur le toit en poursuivant : « Je vais te faire descendre d'une autre façon ! » Puis il tira. Horrifié, je regardai ce gardien, puis, levant les yeux, je vis le corps sans vie tomber dans ma direction. Avant que je ne puisse faire un quelconque mouvement, il avait déjà atterri sur le béton, à moins d'un mètre de moi. Ses os craquèrent, du sang gicla et les huées cessèrent. Sous le choc, tout le monde voyait ce corps gisant là, grotesquement tordu. Le gardien rempocha son arme et regarda autour de lui avec satisfaction. Dorénavant, plus personne n'oserait faire une telle tentative.

Pendant la journée, nous travaillions à la briqueterie de la prison. Dans une grande salle se trouvaient quatre ou cinq fours très chauds. Huit heures par jour, nous devions remplir – avec une spatule – des formes spécifiques avec de l'argile. Le contenu de ces formes devait être transformé en briques dures, en les cuisant dans les fours. Ce travail était épuisant et provoquait une sudation abondante et constante. Nos salopettes, faites des mêmes tissus que celles d'Innsbruck – semblables à un sac – s'imprégnaient de sueur en peu de temps. Durant la journée, elles devenaient de plus en plus lourdes et fort désagréables à porter. Lorsque nous marchions dans la cour, nous étions tous penchés en avant à cause de cette lourdeur. Pour moi, c'était l'enfer. De nombreuses années plus tard, voyant le film *Les Dix Commandements* et constatant comment les Israélites cuisaient des briques pour les Égyptiens, je me mis à repenser à ce travail dans la prison de la Wiener-Neustadt. C'est exactement ainsi que nous cuisions les briques.

J'en étais convaincu : le seul qui pouvait me sortir de ce trou, c'était mon père. Malgré tout, malgré la violence, malgré le rejet, mon père était un grand homme pour moi. Pas seulement au sens physique. J'admirais son aspect extérieur et sa dureté intérieure, que j'avais ensuite prise pour de la force. C'était véritablement un patriarche. Il pourrait me sortir d'ici. Alors, je m'assis et lui écrivis une lettre, lui disant ce qui s'était passé et où j'étais maintenant. Je ne pleurnichais pas, je ne suppliais pas, je ne lui demandais même pas de me faire sortir d'ici. J'essayais simplement de décrire ma situation.

Pendant longtemps, il ne s'est rien passé, des mois se sont écoulés. Mais, un jour, on m'a dit : « Helme, tu as un visiteur ! » Ce ne pouvait être que lui. Personne d'autre ne savait où j'étais. On me conduisit dans une grande salle avec une vingtaine de tables. Des prisonniers étaient assis devant chaque table et parlaient à des parents ou d'autres personnes. Un grand homme, assez impressionnant, se tenait à côté de l'une d'elles : mon père ! Il tendit les bras en me regardant. Il y avait quelque chose d'indéfinissable dans son regard ; cependant, ses bras ouverts me donnèrent du courage. Jamais encore mon père ne m'avait embrassé. Mais c'était une situation exceptionnelle. Parcourant les derniers mètres vers lui, incertain, je m'arrêtai devant lui. Il me regarda – son regard ne correspondait pas à ses bras ouverts.

Lorsque, du coin de l'œil, je vis un certain mouvement, je compris ce qui n'allait pas. Il n'avait pas l'intention de me serrer dans ses bras. Sa main droite s'approcha de moi et me frappa au visage. Aussitôt, une forte douleur se répercuta dans ma tête. Une fraction de secondes plus tard, sa main gauche frappait l'autre côté de ma tête. Reculant, hébété, je le regardai, les yeux écarquillés, mais mon père s'était déjà détourné. Sans avoir prononcé un seul mot, il fit complètement volte-face et marcha vers la sortie.

Avec incrédulité, je continuais à le regarder s'en aller. Mon père – le patriarche renommé, le héros en qui j'avais mis tous mes espoirs, la seule personne qui me restait au monde, le seul point lumineux que je pouvais avoir dans ce trou noir – me tournait le dos de cette façon ! Je me tenais là, comme frappé par la foudre, je ne comprenais pas ce qui m'arrivait. Un train me passant sur tout le corps n'aurait pas pu me blesser davantage. À partir de maintenant, j'étais complètement abandonné, j'étais seul et perdu. Dans ma mémoire, les nombreuses années de prison que j'ai dû purger m'apparaîtraient, plus tard, comme des affaires enfantines, mineures. Jusqu'à ce jour, c'est ce moment avec mon père qui continue de hanter mes rêves.

Mon sort était scellé, et définitivement. D'une manière ou d'une autre, je devais dorénavant me débrouiller tout seul. Pendant quelques instants, je restai là à contempler le dos de mon père, qui avait pourtant quitté la pièce depuis longtemps. À un moment donné, un gardien me prit le bras pour me tirer vers les cellules. Je me laissai faire. Ce jour-là, mon cœur s'endurcit complètement et je devins ce loup solitaire qui n'attendait plus rien de personne.

Ramené à Innsbruck dans l'un des bus Volkswagen de la police que je connaissais bien maintenant, j'étais là, assis… À cause des secousses et des nombreux nids de poule, les menottes me faisaient mal. Quelqu'un les avait trop serrées et moi j'étais trop fier pour m'en plaindre.

En entrant dans la salle du tribunal, la première personne que je regardai était Max. Il était déjà assis derrière une table à côté d'un homme, vraisemblablement son avocat. Il y avait beaucoup de monde dans cette salle, des spectateurs intéressés par l'affaire – je le remarquerais dans un instant –, des témoins qui avaient vu l'accident et des personnes aux motifs divers. Bon nombre d'entre eux décrivirent, sous serment, ce qu'ils avaient vu. Je ne me souvenais pas d'autres personnes présentes, mais il est vrai qu'au moment de l'accident, j'étais sous le choc. Les témoins précisèrent ce qu'il y avait aussi dans mes souvenirs : nous roulions trop vite, la voiture de police venait de la droite. Nous étions entrés en collision avec elle, nous étions sortis de notre véhicule pour nous enfuir sans nous soucier des blessés, etc.

Le policier blessé était également dans la salle d'audience, en fauteuil roulant. Il expliqua n'avoir aucune chance de se rétablir. Il serait en fauteuil roulant à vie. Son regard était plein de colère quand il rencontra mon regard. Si je n'avais pas confondu le frein et l'accélérateur dans ma panique, les policiers auraient simplement traversé le carrefour de l'accident et nous aurions pu continuer notre chemin vers la liberté. Personne n'aurait été tué, personne n'aurait été blessé.

Quand Max prit la parole, mon humeur s'effondra complètement. Max nia, avec véhémence, toute implication dans cette affaire. Il affirma raide et ferme que je l'y aurais fait participer de force et qu'il se serait assis dans cette voiture avec un objectif de fuite parce qu'il avait peur de moi. Cela aurait pu être vrai, la plupart des autres jeunes de mon groupe avaient peur de moi, ils craignaient « Willi-Bain-de-Sang ». Mais ce n'était pas le cas de Max ! Depuis le début, nous avions planifié, préparé et réalisé l'évasion ensemble. Si j'étais au volant, c'était uniquement parce que je croyais avoir assez appris la conduite par mon père. Mais l'histoire de Max était convaincante, et personne n'eut de doute que le pauvre garçon était devenu la victime du brutal Wilhelm Buntz.

Lorsque le juge commença finalement à lire le verdict, je fus soulagé : Max était condamné pour complicité à une amende et autorisé à partir. « Si Max peut ainsi s'en aller, alors peut-être que moi aussi », pensai-je, et j'eus soudain envie de retourner dans ma petite chambre inconfortable à Peiting avec les grilles ornementales sur les fenêtres et la poignée de porte manquante.

En pensant à Peiting, je rêvai… Je voyais devant moi Mme Egle qui cuisinait pour nous. À l'heure du déjeuner, il y avait toujours une odeur délicieuse qui venait de la cuisine ; devant la fenêtre, les oiseaux chantaient ; les autres jeunes n'étaient pas si mal que ça, surtout par rapport aux personnages que j'ai rencontrés en prison. Je pensai aussi à ma guitare qui était quelque part chez moi, à la maison, à Peiting. Mais était-ce encore ma maison ? « Ma » maison ? « Mais non, Helme, qu'est-ce que tu t'imagines là ? Tu n'as pas de maison, Helme. Tu es un déraciné, tu es seul ! Cesse donc de rêver ! »

Les paroles du juge me sortirent de mon rêve : « Puisque *Herr* (monsieur) Wilhelm Buntz n'a jamais commis d'acte condamnable en Autriche, lui aussi mérite une deuxième chance, tout comme les délinquants de ce pays lors de leur premier délit. »

Je repris espoir. J'avais fait quelque chose de mal, mais si je méritais une deuxième chance, je n'aurais peut-être pas à remonter dans ce bus Volkswagen pour retourner derrière ces hauts murs garnis de fil de fer barbelés.

« Par conséquent, le jugement suivant est rendu au nom du peuple », continua le juge. Ce qui suivit me choqua profondément : « M. Buntz est condamné à cinq ans de prison ferme, sous une forme aggravée : pendant sa période de détention, il fera un jour de jeûne par mois au cachot et un jour par semaine en camp de redressement… »

Le reste des mots glissa sur moi... Je ne savais pas ce qu'était une journée de jeûne ou une journée de camp. Je ne savais qu'une chose : le cachot n'était pas un acquittement. Je n'étais pas autorisé à partir. Je devais aller en prison. Pour cinq ans ! Pour moi, cela sonnait comme si c'était pour toute une vie.

Avec le bruit d'un craquement, le marteau du juge tomba sur la table. Avant que je puisse réagir, tout le monde s'était levé et le juge avait quitté la salle. J'étais comme en transe. Il fallut me tirer hors de la salle et je me laissai faire. On me poussa dans le bus. Cinq ans de prison ! J'avais l'impression de voir un mauvais film. Jamais je ne sortirais d'ici.

La prison où je fus emmené s'est avérée, d'abord, comme une amélioration par rapport aux versions obsolètes et sombres des maisons d'arrêt. Nous avions des cellules doubles. Toutes les pièces et les couloirs étaient assez lumineux. Durant la journée, les portes des cellules étaient ouvertes et vous pouviez poursuivre votre journée : travail, école, bibliothèque, salle de musculation... Pendant quelques jours, je me sentis presque bien – à part le fait que j'étais en prison.

Pourquoi mon séjour en prison était-il qualifié d'emprisonnement lourd, j'allais vite le comprendre. Une fois par semaine, je devais changer de cellule pour une pièce sombre au sous-sol, le cachot. Dans cette pièce, il n'y avait rien. Pas de tableau, pas de chaise, pas de placard et, surtout, pas de lit ! Je devais dormir à même le sol nu. C'était très inconfortable et il faisait extrêmement froid, surtout en hiver. De plus, une fois par mois, le jour du jeûne, on ne recevait que de l'eau, rien d'autre, pas même une croûte de pain. Pour un adolescent toujours affamé, c'était une punition évidente. Mais le pire furent mes « jours B » : une fois par mois – le jour où j'avais commis l'accident – deux gardiens venaient dans ma cellule, armés de matraques. Mon compagnon de cellule écarté, ils fermaient la porte. Ensuite, ils me frappaient avec leurs matraques tout en comptant à haute voix jusqu'à trente. La flagellation était officiellement abolie depuis cent ans, mais moi je n'étais pas au courant.

Après un tel « jour B » particulièrement pénible, la douleur subsista pendant des jours. Le médecin de la prison m'examina et constata qu'une vertèbre était cassée. La côte brisée – pour aggraver les choses – menaçait de comprimer les poumons. À partir de là, les gardiens ne me battirent plus sur le dos, mais sur le côté. Grâce à quoi j'ai, encore aujourd'hui, un problème aux reins.

Un jour, un gardien entra dans ma cellule et me dit : « Buntz, fais tes bagages, tu vas être expulsé ! » Depuis environ deux ans, j'étais dans cette prison autrichienne, ma punition était complète. On me conduisit dans un centre de déportation et, peu de temps après, je partais, accompagné de deux policiers, dans un train en direction de l'Allemagne. Une voiture de patrouille allemande m'attendait à la frontière pour m'emmener à Rottenburg. Ce jour-là, je fus présenté au juge, qui me condamna à six mois de prison en Allemagne avec le motif d'atteinte à la République allemande. Le reste de la peine autrichienne était suspendu.

Depuis Rottenburg, j'écrivis de nouveau à mon père – pourquoi ? ça, je me le demande. Quel espoir y avait-il qu'il me réponde ? Qu'il me regarde encore dans les yeux ? Qu'il m'aide ? Je voulais être un fils prodigue pour lui – j'avais lu cette belle histoire dans un des foyers d'enfants chrétiens. À la maison, mon père ne m'attendrait pas les bras ouverts, mais sans doute avec une raclée. Ou avec un total désintérêt, ce qui me semblait bien pire. Mais, au bout de quelques semaines, je reçus en fait une réponse de mon père. Tout tremblant, je retirai la feuille de papier de l'enveloppe.

Comme tout courrier venant de l'extérieur, la lettre avait été ouverte par les gardiens, rien ne devait être passé en contrebande aux prisonniers.

À ma libération, mon père m'invitait à Ulm pour vivre avec lui. Il préférait me préparer un logis dans son ancien atelier, dans le sous-sol de la maison. Je me sentis comme paralysé. Cela voulait dire quoi ? Était-ce vrai ou pas ? Allait-il m'aider ? Ou voulait-il juste m'humilier et se venger de moi dès que j'aurais mis les pieds dans la maison ? Mon père était chrétien et connaissait la parabole du fils prodigue, mais, lors de sa visite en Autriche, se détournant volontairement de moi, il m'avait blessé si profondément que je n'arrivais pas à croire qu'il eût changé au cours de ces quelques années.

Ulm, 1975

Lorsque je descendis du train à Ulm, il était là. Froid et distant, certes, mais il était là ! Entretemps, il avait construit une nouvelle maison et, comme annoncé, il avait aménagé son ancien atelier au sous-sol pour que j'aie mon lieu à moi. La chambre avait son entrée indépendante et sa propre salle de bains. La maison était construite sur un terrain en pente et j'avais une grande fenêtre au sous-sol avec beaucoup de lumière, qui donnait sur le jardin, à côté de la terrasse. Mon père m'avait même déjà trouvé un travail comme foreur chez « Donau Werkzeugmaschinen » à Langenau. J'étais abasourdi et impressionné.

Ce nouveau travail me distrayait pendant la journée, mais, chaque fois que je rentrais à la maison le soir et que je fermais la porte derrière moi, je tombais dans un trou profond. J'étais certes fatigué par le travail, mais je n'arrivais pas à dormir.

Je me tournais et me retournais, pendant des heures, dans mon lit. Des images de l'accident n'arrêtaient pas de surgir dans mon esprit. Je me voyais assis dans l'Opel, paniqué, appuyant sur les pédales qui ne faisaient qu'accélérer la voiture. Tout était baigné de lumière bleue, la voiture de police filait vers moi à une vitesse invraisemblable, parfois de la droite, parfois de l'avant, et je continuais de revivre les secondes jusqu'à l'impact et aussi les instants qui suivaient. Tout cela dans un ralenti angoissant et dramatique. Le visage horrifié du policier était généralement la dernière image que je voyais avant de me réveiller en sueur. Pourquoi ça maintenant? Je n'avais pas eu ces rêves en prison. Maintenant, ils étaient là, pour me hanter avec véhémence. Le matin, je me levais, fatigué, vanné, pour me traîner au travail avec mes dernières forces. Lorsque je racontai cela à un collègue, il me dit: «Moi aussi, j'ai eu ça et depuis que je bois une ou deux bières avant de dormir, les cauchemars ont cessé.» Je n'avais pas été en contact avec l'alcool en prison, mais on me tendait là une perche et je m'y accrochai. Je devais me débarrasser de ces cauchemars. Pour que ce soit plus efficace – j'ai toujours été minutieux dans ce que je faisais – ce n'était pas deux, mais quatre ou cinq bières que je buvais, et cela chaque soir. Effectivement, je dormais mieux – mais cela ne m'aidait pas. Le matin, fatigué et à moitié endormi, je ne valais pas grand-chose. J'étais presque inutilisable. Pour commencer, j'étais toujours en retard au travail. D'abord de quelques minutes, puis toujours plus. J'arrivais au travail en sentant l'alcool et la qualité de mon travail en souffrait beaucoup. Au bout de quelques jours, mon patron m'appela pour me dire que j'étais licencié, sans préavis. «Tu n'as pas besoin de revenir», criait-il derrière moi, alors que je sortais de la cour, la tête haute, car je ne voulais pas admettre que j'avais tort ni montrer quoi que ce soit devant les autres.

À l'intérieur, j'étais désespéré. J'avais décidé de changer de vie, de tenter ma chance, de faire de moi quelqu'un de bien. J'avais pris la décision de ne plus entrer en conflit avec la loi. Et voici que, moins de quinze jours après ma sortie de prison, j'avais perdu mon emploi. Je n'osai pas le dire tout de suite à mon père. Flânant autour de la ville, égaré, je m'assis sur la rive du Danube et je me demandai si j'allais le lui dire et, si oui, comment, pour ne pas risquer, comme de coutume, de recevoir une raclée. Eh bien ! même si c'était le cas, une raclée ne se passerait plus comme avant, je n'étais plus un petit enfant, je résisterais et ce serait la bagarre.

C'est à la tombée de la nuit que je rentrai chez moi. Descendant l'allée du jardin derrière la maison, tournant le coin, je compris que ce n'était pas nécessaire d'avouer à mon père la perte de mon travail, il le savait évidemment. Ma valise était devant la porte, toutes mes affaires étaient éparpillées dessus et autour. J'essayai d'introduire ma clé dans la serrure, mais elle ne rentrait pas. Mon père avait déjà changé la serrure. Mon père m'avait expulsé ; une nouvelle fois, il me tournait le dos. Je ne devrais pas le revoir pendant de nombreuses années.

Avec un calme stoïque, j'emballai mes affaires dans la valise et partis sans me retourner. Je savais que ça ne servait à rien de discuter avec mon père. Une confrontation n'aurait pas non plus de résultat et n'apporterait que frustration et encore davantage de douleur. Je quittais ma nouvelle demeure à peine trouvée, me sentant un peu comme un chien battu. Mais je ne suis pas quelqu'un qui se laisse aller longtemps. Il fallait que tout continue. Et ce fut le cas.

Je pris une chambre à la Pension *Rösch*, un bâtiment d'époque, fonctionnel et rénové, situé dans la célèbre Schwörgasse, le long du « Grand Bleu », petit ruisseau qui ne faisait pas honneur à son nom. Je ne mis pas longtemps à m'acclimater et à m'habituer à cette nouvelle situation. J'étais maintenant au milieu de la vieille ville d'Ulm, dans le quartier animé des pêcheurs, passant désormais mes journées à dormir pour profiter de toutes mes nuits. Je n'ai jamais eu de problèmes d'argent. Quand j'avais besoin de quelque chose, je savais où le prendre. En quittant la prison, j'étais pourtant déterminé à mener, désormais, une vie honnête. Mais, moins de deux semaines après, je me tenais dans une bijouterie, remplissant les poches de mon manteau de bijoux et de montres, avant de repartir tranquillement. Comme cambrioleur, j'étais vraiment bon, je ne me suis jamais fait prendre. Très rapidement, j'ai trouvé mon rythme de croisière : la nuit, je commettais mes cambriolages dont je vendais les fruits le lendemain. Rapidement, je découvris également les bons endroits et les bonnes personnes à voler. Ma zone de cambriolage préférée était Ulm-Böfingen, où vivaient de nombreuses personnes aisées. Il y avait là beaucoup à faire, surtout qu'à l'époque, les systèmes d'alarme n'étaient pas encore couramment utilisés.

Chaque jour, je m'asseyais dans un bar et je réfléchissais à mes futures effractions. Je pouvais aussi y vendre les produits de mes vols. Lorsque je n'avais aucun cambriolage en vue, je jouais à divers jeux à l'hôtel ainsi qu'au casino, proche de mon logement. Toute la nuit, je jouais au poker ou, de préférence, au baccarat. Là aussi, j'étais bon, je gagnais toujours plus que je ne perdais. Il arrivait que la serveuse, n'étant plus très sobre, ne fît pas bien attention et, hop, la caisse avec tous les gains du jour et de la nuit disparaissait. Pendant quelques semaines, cela me permit de vivre sans souci.

Ainsi passaient mes jours. J'étais suffisamment intelligent pour ne jamais me faire prendre, mais, parfois, ce n'était dû qu'à la chance. Un soir, je sortis ivre du bar en prenant, spontanément, la décision de cambrioler une bijouterie du quartier voisin. Il était déjà tard et il n'y avait plus personne dans la rue. Même en travaillant de façon presque professionnelle la serrure, je ne parvenais pas à ouvrir la porte. Devant la bijouterie se trouvait une grande poubelle verte sur roues. Elle avait été vidée ce jour-là. Sans plus tarder, je poussai ce container, avec force, contre la vitrine en verre, qui éclata en mille morceaux en faisant un bruit épouvantable. Rapidement, j'empochai tout ce que je pouvais prendre et le jetai dans cette grande poubelle. Dans l'illusion procurée par l'alcool, je pensais pouvoir tout évacuer ainsi « comme sur des roulettes ».

Lorsque j'entendis les sirènes de la police, je réalisai que j'avais probablement déclenché l'alarme silencieuse. Je pris alors mes jambes à mon cou vers la place Clunk. La police m'avait vu fuir, elle me poursuivit brièvement, mais, dans les rues étroites du centre-ville d'Ulm, je pus m'en débarrasser assez rapidement. Le lendemain, le journal local titrait : « Le fantôme de la poubelle a frappé ! » La police cherchait un homme avec un manteau vert. C'en était donc terminé avec mon vêtement préféré, je devais le remiser dans l'armoire. De mauvaise humeur, j'en achetai un nouveau. Quelques semaines plus tard, j'eus de nouveau droit à être mentionné dans les journaux : alors que je buvais un verre avec quelques copains au *Salzstadel*, un type éméché m'accosta : « Hey, Willi, procure-moi une femme ! » Ne le connaissant guère, je me demandais d'où il connaissait mon nom. Même si, dans les milieux mafieux de la nuit, j'étais connu aussi comme un vieil ivrogne. Willi savait tout procurer, pourquoi pas une femme ?

Mais je n'avais rien à voir avec ça, je ne le voulais pas non plus, aussi je l'envoyai balader. Mais lui ne me lâcha pas. Au cours de la soirée, il vint plusieurs fois m'embêter, de plus en plus instable sur ses pieds. À un moment donné, j'en eus assez et je me levai pour – d'abord debout, puis assis devant lui – le foudroyer longuement du regard, mais il était trop ivre pour comprendre l'avertissement. Quand il se mit à me tapoter l'épaule et à se rapprocher de moi, j'en eus assez. Avant de pouvoir réagir, il avait mon poing dans la figure. Il tituba en arrière, en essayant de se raccrocher à la porte entrouverte. Malheureusement, juste à ce moment-là, quelqu'un entra par cette même porte en l'ouvrant encore plus. La main de l'ivrogne se perdant dans le vide, il dévala la volée d'escaliers jusque dans la rue. Je l'abandonnai à son sort pour commander une nouvelle tournée pour les copains.

En fin de soirée, après avoir payé nos consommations, nous partîmes, mes deux amis dans un sens et moi dans l'autre. Voulant finir la soirée au *Lidobar* en face, je me dirigeai dans cette direction et j'entendis alors un gémissement. Le gars qui avait chuté en bas de l'escalier était allongé devant moi. Il n'était pas allé bien loin depuis sa sortie en fanfare du *Salzstadel*. Pas étonnant dans son état. Me reconnaissait-il ? Il marmonna quelque chose tout en essayant de se redresser. Il méritait encore une autre leçon. L'empoignant sans ménagements par les cheveux, je le tirai en arrière en le cognant, de toutes mes forces, sur le rebord du trottoir. Le sang coula d'une blessure, puis les gémissements s'arrêtèrent. Je l'avais probablement assommé. Satisfait, je le quittai, calmement, pour traverser la rue et disparaître dans le *Lidobar*.

Le lendemain matin, le journal *Südwestpresse* disait qu'après avoir passé la nuit, un homme était maintenant hors de danger. À la suite d'une bagarre avec des inconnus devant le *Salzstadel*, l'homme avait été grièvement blessé à la tête : fracture d'un fragment crânien, crâne fendu. Ma conscience tressaillit brièvement. Mais il méritait ce qui lui était arrivé. À ce moment-là, je ne savais évidemment pas ce que je n'allais découvrir que lors du procès, plusieurs mois plus tard ; peu de temps après, il décéderait d'une hémorragie cérébrale. Ses blessures étaient probablement plus graves qu'il n'y paraissait de prime abord. Cette nuit-là, sans le savoir, j'avais donc commis mon deuxième homicide.

J'avais aussi d'autres côtés – et des bons. Je pouvais être le chevalier des exclus – sans arrière-pensée. Une après-midi, allongé sur mon lit à la Pension *Rösch*, j'entendis soudain des cris. Je courus dans le hall, alerté par ces cris étouffés. Je dressai l'oreille et perçus un halètement réprimé, comme si on mettait la main sur la bouche de quelqu'un. Je fis quelques pas, m'arrêtant devant une pièce. C'était clairement de là que venaient les bruits.

Sous l'impulsion du moment, j'appuyai sur la poignée et ouvris la porte. Mon regard tomba sur un homme qui, pantalon baissé, était accroupi sur une jeune femme allongée sur le lit. La jupe de cette dernière était relevée et son chemisier à moitié déchiré. Elle se débattait avec acharnement et tentait de se dégager de l'emprise de l'homme, mais, visiblement, il était plus fort qu'elle. De toute évidence, elle n'avait pas choisi cette situation. L'homme était en train de la violer. Il se retourna vers moi en me regardant avec stupéfaction. La jeune femme, profitant de ce moment, enfonça son genou dans la partie la plus précieuse de son corps, ce qui le fit fortement hurler. Je lui sautai dessus, le tirant loin d'elle et le frappant au menton. Il trébucha en arrière, renversa une lampe et s'écrasa contre le bureau. Alors que je voulais lui assener d'autres coups de poing, il s'était déjà ressaisi, mais il réalisa qu'il n'avait pas les cartes en main pour mener un combat. Il sauta sur le côté et s'enfuit en courant, tenant son pantalon. J'aurais pu le suivre, mais j'étais déchiré : laisser la jeune femme seule maintenant ? Et si je l'attrapais ? Devrais-je alors témoigner devant la police ?

Me retrouver devant les flics était la dernière chose que je voulais. Après quelques secondes de réflexion, sachant qu'il avait déjà trop d'avance, je me tournai vers la jeune femme qui, entre-temps, s'était enveloppée d'une couverture. Elle me regardait d'un air reconnaissant, mais aussi inquiet. Elle était sur le point d'être violée et je l'avais sauvée ! Mais que savait-elle de moi ? Je pourrais aussi bien maintenant profiter d'elle. Peut-être était-ce une p… ?

La jeune femme avait à peu près mon âge. Ses joues étaient toutes rouges. D'énervement ou tout simplement de nature ? Car je soupçonnais qu'elle avait, naturellement déjà, le teint vif. Elle avait de beaux et longs cheveux noirs. Quand j'y pense, elle était extraordinairement jolie. Je n'étais pas peu fier d'avoir sauvé une si belle femme des mains d'un violeur. Mais là, assise sur le lit, plutôt comme un tas de misère, elle n'était pas vraiment gracieuse, les bras autour de ses jambes et la couverture remontée jusqu'au menton. Elle avait évidemment honte – d'une part, parce qu'elle était à moitié nue, et d'autre part, parce qu'elle était la victime de cet homme.

« Bonjour, je m'appelle Willi », lui dis-je avec galanterie pour me présenter. « J'habite à côté et je vous ai entendu appeler. » Elle me dit son nom d'une voix tremblante : Anna. Je la regardai de plus près – elle devait être un peu plus petite que moi. Elle ne pouvait pas quitter la pension avec le chemisier déchiré, mais je pouvais l'aider. Je lui fis signe d'attendre un moment. Je me précipitai dans ma chambre et fouillai dans mon placard pour prendre une chemise propre. J'en trouvai une blanche et comme j'étais mince, athlétique et pas trop grand, je pensai qu'elle pourrait lui convenir. Je la laissai mettre la chemise en me retournant. Elle semblait me faire confiance.

« Merci ! » dit-elle en me souriant, toujours timidement, mais déjà un peu plus franchement. Son sourire timide provoqua quelque chose en moi. J'avais rarement ressenti ça. Jamais encore de ma vie, je n'avais reçu de quelqu'un un sourire aussi franc, aussi ouvert et amical et, qui plus est, d'une femme ! Les femmes rencontrées jusqu'à présent, soit ne voulaient pas de moi, soit voulaient simplement obtenir de moi de l'argent. Mais Anna était sincèrement reconnaissante et voulait vraiment m'offrir son beau sourire, à moi, Willi, à qui personne ne souriait ainsi. Dans un moment comme celui-ci, vous ne vous demandez pas si vous venez de tomber amoureux. Il m'apparut cependant immédiatement – et clairement – que quelque chose de spécial venait de m'arriver.

Je m'assis à côté d'elle sur le lit, à bonne distance. Anna me raconta comment elle avait été attirée par cet homme dans cette pièce. Quand elle avait réalisé ce qu'il voulait, l'homme l'avait déjà fermement sous contrôle et l'avait poussée sur le lit. Elle avait crié, de plus en plus fort, et l'homme lui avait mis la main sur la bouche. C'est à ce moment-là que j'avais été alarmé, Dieu merci. Très peu de personnes étaient dans leur chambre l'après-midi. Les propriétaires de la pension eux-mêmes étaient occupés à faire leurs emplettes dans les magasins ou à faire d'autres choses urgentes. À ce moment-là, nous étions probablement les seules personnes dans la maison et – vraisemblablement – le violeur était au courant de ça et voulait en profiter. Maintenant qu'elle avait confiance en moi, je lui conseillai d'aller à la police donner un signalement de ce gars. Après tout, il avait loué la chambre et s'il n'y avait rien de personnel à trouver, au moins il y avait une certaine probabilité pour que la police puisse le retrouver, à partir de quelques indices laissés derrière lui.

Au début, elle ne voulait pas y aller, ensuite elle comprit que c'était important – pas seulement pour sa propre guérison, mais aussi pour la protection d'autres femmes. Je lui proposai de revoir toute l'affaire avec elle, de l'emmener à la police et, après cela, de l'accompagner à la gare ou même jusqu'à chez elle. Elle habitait avec ses parents à Bernstadt, à une dizaine de kilomètres d'Ulm. Après avoir discuté avec elle, point par point, de ce qu'elle devait dire à la police (et m'être assuré qu'elle me laisserait en dehors de l'affaire), je l'accompagnai au commissariat. L'envoyant à l'intérieur avec un regard encourageant, j'attendis son retour sur un banc. Elle sortit de la préfecture de police après plus d'une heure, le visage plein de larmes. Vu le temps qui passait, j'avais déjà commencé à me ronger la conscience parce que je l'avais laissée seule dans cette situation. Mais il aurait été trop dangereux pour moi de me présenter à la police, même en tant que témoin. Je ne voulais pas que ma nouvelle adresse soit dans un fichier – à la fin, on aurait découvert que j'avais fait de la prison. Peu importe ce que vous avez fait ou pas, vous êtes, d'emblée, un suspect. D'ailleurs, Anna, en l'apprenant, aurait probablement perdu toute confiance en moi.

Nous avons marché ensemble jusqu'à la gare routière et avons pris le bus jusqu'à Bernstadt. Les parents d'Anna furent stupéfaits lorsqu'ils virent arriver Anna avec un jeune homme inconnu. Mais quand elle leur raconta, en larmes, ce qui s'était passé et comment je l'avais sauvée, rien ne pouvait plus arrêter la reconnaissance de ses parents. Ils me comblèrent de remerciements, m'invitèrent à dîner et après que je leur eus raconté un peu mon histoire – j'omis délibérément la partie de l'évasion, de l'accident, de la prison et de ma « profession » actuelle – ils me proposèrent de dormir dans la chambre d'amis. Il se faisait tard, j'étais fatigué et la perspective de rester un peu plus longtemps avec Anna me paraissait séduisante. Alors j'acceptai. C'est ainsi que je restai avec Anna et ses parents, non seulement cette nuit-là, mais pendant quelques semaines. J'étais reconnaissant de ne plus avoir à payer la pension. Les parents d'Anna, quant à eux, étaient heureux de pouvoir aider un pauvre orphelin qui, après une longue période dans des foyers d'accueil, cherchait maintenant du travail et essayait de bâtir, seul, sa vie.

Ils étaient membres d'une Église pentecôtiste et assistaient régulièrement aux offices du dimanche. « Dieu me poursuit, d'une manière ou d'une autre », pensais-je. À ce moment-là, je n'avais aucune idée à quel point cela allait se révéler exact.

Anna et moi sommes devenus amis, et souvent – pendant des heures – assis main dans la main sur les berges du Danube, nous appréciions d'être proches l'un de l'autre. Oui, je devais être amoureux. Peut-être pour la première fois de ma vie, j'avais des sentiments positifs envers une personne. Bien qu'on ait pu nous prendre pour des amants – et à juste titre – je ne me suis jamais trop rapproché d'elle, physiquement. Le respect pour elle, pour ce qu'elle avait vécu et pour le temps de guérison dont elle avait besoin, cela comptait pour moi. Sans doute n'aurait-elle pas accepté de telles avances à cause de sa piété stricte ? Ce petit coin de paradis ne dura pas. J'avais plus que jamais besoin d'argent. Pour ne pas éveiller les soupçons, je ne pouvais plus commettre mes méfaits la nuit. Anna se serait posé des questions. Prendre ce qui appartenait à ses parents n'était pas possible non plus sans que ces derniers se renseignent à mon sujet. Je n'avais pas d'autre choix que d'œuvrer en fin de soirée ou même en journée.

Mon premier braquage de banque était prévu en collaboration avec un ami du *Kupferdächle*, un bar que je fréquentais. Nous nous connaissions depuis longtemps et savions que nous pouvions compter l'un sur l'autre. C'était la première fois que j'acceptais de « travailler » avec quelqu'un d'autre, aussi étais-je assez nerveux parce que je ne pouvais pas contrôler chaque aspect de ce projet.

Un tel contrôle à deux n'était possible que dans une mesure limitée. Cependant, faire un hold-up tout seul était fort risqué. À contre-cœur, j'avais donc accepté son aide. Nous avions choisi la filiale d'une banque qui n'était pas très exposée, offrant cependant de bonnes voies d'évacuation. Tout était bien planifié : le lieu, l'heure, la tactique – sauf qu'au moment précis où nous étions occupés à l'intérieur de la banque, un policier en civil passa juste devant la banque. Comprenant vite ce que nous faisions, il appela du renfort. L'employée du guichet, blanche de frayeur, était occupée à fourrer des billets de banque dans les sacs en plastique (que nous lui avions remis sous la menace d'une arme), lorsque, soudain, des sirènes proches se mirent à hurler. Arrachant le sac à moitié rempli de ses mains, je courus vers la sortie.

Mon copain, qui tenait les employés et les clients de la banque en respect, franchit avant moi la porte où un coup de poing au visage le fit chanceler et tomber. Le policier en civil nous attendait – mais sans prévoir ce que ferait Willi. Avant que le policier ne pût réagir, je sautai par-dessus mon copain à terre, j'atterris sur le trottoir et, à la rapidité d'un éclair, j'étais déjà au coin de la rue suivante. Probablement selon la devise : « Un moineau au creux de la main vaut mieux qu'un canari sur le toit... » Le policier, s'occupant de mon copain, m'avait laissé filer.

Disparaissant rapidement dans la ruelle bondée, je me mêlai aux passants. Respirant encore fortement, mais ayant vite retrouvé un semblant d'air détendu, je me croyais ainsi introuvable par la police. Du moins, je le pensais. Mais le lendemain, quand je ramassai le journal livré aux parents d'Anna, j'eus un véritable coup au cœur, en lisant, les yeux brouillés par la sueur qui coulait de mon front : « On recherche Wilhelm Buntz ! » C'était écrit en première page et en grosses lettres, lisibles même sur le journal encore enroulé.

J'étais grillé ! Mon copain avait été arrêté et sans doute avait-il parlé. Il savait que ce n'était pas mon premier délit. Au *Kupferdächle*, dans l'intimité du cercle d'initiés, il pouvait arriver, les chopes de bière aidant, que l'on vante mes exploits. Ces derniers mois à Ulm, j'avais accompli des tas de choses louches et, finalement, ce fut dans ce milieu où j'étais devenu célèbre comme le « fantôme du container-poubelle » que je fus trahi. Ma personne intéressait donc beaucoup la police. Qui sait ce qu'ils avaient promis à mon copain pour qu'il parle ? Maintenant, oui, j'avais un problème.

Les parents d'Anna ne connaissaient de moi que mon prénom, Willi. Comme nom de famille, j'avais donné Niessner, le nom de jeune fille de ma mère. Le danger n'était donc pas immédiat. Mais je n'étais quand même pas tranquille en restant ici. En premier lieu, parce que je ne voulais pas mêler à cette histoire une famille que j'avais un peu pris dans mon cœur. À la pension, j'étais inscrit avec le même nom, mais mon copain était-il au courant de ça ? Peut-être la police avait-elle déjà enquêté à la Pension *Rösch* et appris que j'avais quitté ce lieu pour une destination inconnue ?

Pourtant, le problème était plus important encore, car il existait à Ulm quelqu'un qui avait le même nom et le même prénom que moi : Wilhelm Buntz, mon père ! À l'époque de ma naissance, il était encore courant que l'on donne au fils premier-né le même prénom que celui du père. Pour compliquer encore plus les choses, il y avait le fait que mon père avait tellement honte de moi qu'il ne parlait, généralement, que de ses cinq enfants – avec Else, sa deuxième épouse après Petra, il avait encore eu deux enfants. De sa fille Anneliese, née de ma mère après qu'il l'eût jetée dehors, il ne savait rien. Et moi, le septième, le « moins que rien » qui n'existait plus pour lui, il n'en parlait donc jamais.

C'est ainsi que lorsqu'on évoqua le nom de Wilhelm Buntz, les gens eurent devant les yeux mon père, l'homme irréprochable et digne de confiance qui dirigeait le cercle masculin de l'Église pentecôtiste de la paroisse. Et ce monsieur serait le fantôme du container-poubelle, celui qui avait commis des tas de vols à Ulm et dans les environs, celui qui avait même tué un homme ? Plus tard, j'appris que la communauté paroissiale était toute remuée parce que beaucoup croyaient effectivement que mon père était celui qu'on recherchait.

Tout de suite, on démit mon père de ses fonctions à la paroisse et pas mal d'amis se détournèrent de lui. Peu se souvenaient encore du petit Helme qui, dans le temps, jouait et chantait le rôle de saint Joseph dans la crèche et qui, ensuite, vidait les poches des manteaux suspendus dans le vestiaire. Avant que mon père eût pu expliquer la situation, sa réputation était déjà définitivement ruinée. Il quitta donc cette communauté pour se joindre, un peu plus tard avec sa femme, à une autre paroisse d'Ulm.

Qu'il y eut de telles implications pour mon père, à ce moment-là, je n'en avais aucune idée. J'étais plutôt soucieux de savoir s'il pouvait aider la police à identifier mon domicile et contribuer à me retrouver. Bien que, comme d'autres, il ne savait pas où je me cachais, ce n'était qu'une question de temps pour que la police enquête auprès des personnes fréquentant le *Kupferdächle* et autres établissements de ce genre, pour trouver ma trace. À Ulm, j'étais grillé, je devais partir.

Prenant ce journal fatidique, je montai dans ma chambre pour, en hâte, ramasser mes affaires, fourrer aussi le journal dans mon sac et partir vite vers la gare. Anna et ses parents étaient absents. Avec un peu de chance, ma fuite ne se remarquerait pas avant ce soir. Ce n'est qu'au moment où les parents d'Anna se coucheraient et constateraient mon absence qu'on allait commencer à se demander où j'étais. Cela me faisait mal au cœur de laisser ainsi Anna derrière moi, sans un mot. Mais je ne pouvais pas faire autrement. Je devais partir, et vite. Pour aller où ? Chez les gens de la nuit, un endroit était dans toutes les bouches : Sankt-Pauli à Hambourg. C'est là que se réunissaient la crème de la crème de tous les malfrats, les VIP de la pègre, tous ceux qui avaient un nom dans le monde maffieux, souterrain. Là, franchise, honnêteté, équité, fidélité à la loi… n'avaient pas cours, seuls comptaient ingéniosité, savoir-faire, fourberie… Seul l'honneur du clan malfrat était à l'ordre du jour. C'était là ma place ! Là, je serais en sûreté. Alors, en route pour Hambourg !

Prison de Bruchsal, 1984

La plante dans le coin criait pour qu'on lui accordât un peu d'attention car, depuis bien longtemps, aucun arrosoir ne s'était montré dans ce coin perdu. Dans le bureau de l'aumônier de la prison, M. Bangert, je n'entendais qu'un seul mot depuis l'autre côté de son bureau où j'étais assis : ridiculement bête !

Les nombreux livres sur les deux étagères de la bibliothèque de l'homme aux quelques kilos en trop auraient également mérité un peu plus de soin, me disais-je. La plupart étaient couverts de poussière et on se demandait s'il les avait seulement lus.

« Pourquoi es-tu donc si ridiculement bête ? » répéta la face arrondie en face de moi pour la énième fois, avec une expression moqueuse et quelque peu désabusée. « Un acquittement est un acquittement, nom d'une pipe, alors on n'ajoute pas, quinze ans après, des aveux de culpabilité supplémentaires ! » La tête sur son cou épais se balançait de gauche à droite et vice versa, ce qui devait sans doute signifier son incompréhension totale.

Depuis quelques jours, je vivais comme dans du coton. Je ne percevais pas grand-chose de mon environnement, j'avais beaucoup de mal à m'endormir et, en pleine nuit, je me réveillais trempé de sueur. Et le comble, c'est que je n'avais participé à aucune bagarre dans la cour ; au contraire, depuis peu, j'évitais tout conflit. C'est ainsi que je me comportais depuis mon expérience du cachot, qui avait bouleversé et changé ma vie de fond en comble. Pour finir, je me trouvais là, assis devant ce prêtre qui n'avait apparemment pas de compréhension et d'amour, ni pour sa plante, ni pour ses livres, ni pour moi. Ou bien détestait-il tout simplement la prison ? Je me l'imaginais chez lui à la maison, entouré de merveilleuses plantes vertes et de belles fleurs, assis à un magnifique bureau avec, derrière lui, une bibliothèque ultra-propre, remplie de livres aux dos brillants et colorés, et, assis devant lui, un pauvre homme, la tête baissée, à qui il montrait compréhension et amour en lui parlant avec douceur.

Il ne me manifestait aucune compréhension. Au contraire! Je me sentais encore plus ridicule qu'avant de venir. Je voulais simplement lui expliquer pourquoi, et poussé par quelles motivations, j'avais écrit cette lettre au Procureur. Mais ce prêtre, toujours en secouant la tête, me décourageait avec ses bla-bla sur l'esprit raisonnable et le bon sens que Dieu nous avait donnés. Il me rendait dingue! J'avais espéré être consolé et recevoir des encouragements pour ce chemin de vérité que j'avais pris et qu'il me dise qu'en agissant de la sorte, Dieu allait s'en occuper.

Le passage de la Bible dans 1 Jean 1-9: «*Si nous reconnaissons nos péchés, lui qui est fidèle et juste va jusqu'à pardonner nos péchés et nous purifier de toute injustice*», était précisément le verset biblique qui m'avait conduit à écrire cette lettre. Que Dieu fût juste et agît ainsi envers les pécheurs, je le croyais. Depuis que je m'étais tourné vers Lui, n'avait-Il pas déjà opéré un réel changement en moi? Mais qu'est-ce que cela m'apporterait si cela devait me conduire à écoper de vingt ans de prison supplémentaires? Ma vie professionnelle et sociale serait alors quasiment terminée, car comment un cinquantenaire pourrait-il encore s'adapter à cette vie du dehors après qu'une trentaine d'années derrière les barreaux l'ont isolé d'une vie quelque peu normale? «Willi, tu n'aurais pas dû faire cela, même Dieu n'exige pas cela de toi», se plaignait Bangert.

Mais moi, j'avais mis les doigts dans l'engrenage, dans l'engrenage de Dieu. À Dieu, j'avais confessé tous mes péchés et j'avais fait pénitence. À genoux dans ma cellule, je lui avais énuméré chacun de mes méfaits en lui disant: «Ô mon

Dieu, je suis coupable de tout cela, pardonne-moi ! Amen ! »
Cependant, quelque chose en moi continuait à me préoccuper
et à me priver de la paix escomptée.

J'avais lu un jour l'histoire de Zachée qui avait trompé beaucoup, beaucoup de monde en encaissant les impôts pour César
et pour Rome. Fûté, il demandait une somme bien supérieure
à celle que la loi exigeait, pour mettre ce supplément dans sa
poche. Sur le dos des paysans travaillant dur et sans arrêt, il
s'était ainsi enrichi.

Ce faisant, Zachée avait menacé leur existence, peut-être
même leur vie, parce qu'ils n'avaient pas assez à manger, alors
qu'avec leur argent, lui se payait une vie de roi. Comme moi,
Zachée rencontra Jésus et, tout comme moi, il fut touché au
cœur par les paroles d'amour de Jésus. Et que fit Zachée ? Il
retrouva toutes les personnes qu'il avait lésées pour leur
rembourser, jusqu'au dernier centime, ce qu'il leur avait volé,
tout comme je le faisais moi aussi.

Ma lettre au Procureur faisait office de pénitence, elle représentait la reconnaissance officielle de mes péchés. En effet,
depuis ma conversion, je n'arrivais plus à supporter qu'il y ait
eu, pour cent accusations sur cent quarante-huit, un non-lieu
par manque de preuves. Cette déclaration n'aurait jamais dû
avoir lieu ! C'est pour cela que j'avais écrit cette lettre. C'est
pour cela que j'avais reconnu mes méfaits. Je voulais être quitte
et trouver la paix en Dieu. Et je me sentais bien, s'il n'y avait
pas aussi cette crainte de ce qui allait se passer maintenant.
Cette peur de la réponse du Procureur. Encore vingt ans de
taule ? Je devais m'attendre à quelque chose de ce genre !

« La vérité ne vaut-elle pas ce sacrifice ? » demandai-je à
haute voix. « Non ! » répondit le prêtre. « Si », pensai-je en mon
cœur.

Reutlingen, 1975

Étant donné que ce jour-là, je ne pourrais pas faire le voyage jusqu'à Hambourg, j'avais décidé de prendre le train jusqu'à Reutlingen pour y passer la nuit. J'avais pris une chambre sur la Marienstrasse. Je m'y installai et ouvris la fenêtre. Ce qui s'offrit à mes yeux n'était certes pas une vue à couper le souffle ; devant moi, il y avait une rue quelconque avec des maisons quelconques, normales, mais je me réjouissais du soleil du soir qui m'adressait son coup d'œil entre les murs de deux bâtiments.

En face de moi, un peu en oblique, je découvris une sorte de maison communale avec un parking où j'observais la manœuvre de l'une et l'autre voiture se frayant un chemin pour sortir et s'intégrer dans la file qui tournait au coin de la rue. La foule des gens dans la rue se hâtait vers le repos du soir. Un petit choc électrique me frappa lorsque je vis un policier en uniforme s'extraire d'une voiture. Non, impossible, la nouvelle de ma présence aurait déjà fait son chemin jusqu'ici ? De plus, personne ici ne me connaissait et ne savait à quoi je ressemblais !

Ma nervosité passa et se changea vite en intérêt : sur la banquette arrière de la voiture de police, je découvris quelque chose de long. Mon œil exercé reconnut aussitôt un fusil. Le policier disparut dans l'une des maisons. Je me levai pour me promener, mine de rien, le long du trottoir et de la voiture. Ce policier était vraisemblablement chasseur ou sportif du tir, car il ne s'agissait pas d'une arme de service et encore moins d'une arme sophistiquée utilisée pour les missions spéciales. Pour ne pas éveiller les soupçons, je continuai ma balade en tournant au coin pour m'acheter une *currywurst*, une saucisse au curry. Au retour, l'arme avait disparu, sans doute gardée bien à l'abri dans la maison du policier. Intéressé par la suite, je décidai de rester un peu plus dans cette rue. Pendant plusieurs jours, j'observai le parking et surtout le comportement du policier. Il arrivait chaque jour à peu près à la même heure, mais toujours sans le fusil. Le quatrième jour seulement, le fusil était de nouveau sur la banquette arrière. Mais, cette fois, il le prit aussitôt, le mit en bandoulière sur son épaule et marcha, comme un soldat, sur le côté de la maison. Là, il descendit un petit escalier extérieur pour disparaître dans une sorte de cave.

Après quelques secondes, il remonta, grimpa en deux enjambées les quelques marches et disparut dans l'entrée, située devant la maison. Revenant si vite de la cave, on pouvait penser que l'homme ne rangeait pas son arme avec suffisamment de prudence. « Bravo, me dis-je, c'est donc un butin facile à prendre. »

Lorsque, tard dans la nuit, j'examinai la porte de la cave, je vis à travers la petite fenêtre une armoire, tout juste à côté de la porte, avec trois étagères et, sur chacune, une arme semblable. Ouvrir la porte ne me posa aucun problème ; peu après, les trois objets convoités étaient entre mes mains. Le lendemain, je réussis à les vendre dans le milieu de la pègre de Reutlingen. La recette de cette vente allait me permettre de vivre quelques mois sans souci.

Tout content, je payai ma chambre, empaquetai mes affaires et pris la direction de la gare où je m'offris un billet de première classe pour Hambourg. J'avais de quoi me le payer !

Sankt-Pauli, 1975

Dans le train, je me cherchai une place dans le wagon-restaurant en commandant ma première bière. Ce ne serait pas la dernière de ce voyage. Le temps ne manquait pas pour en boire plusieurs. Pendant que les paysages défilaient, je songeais à tout ce qui pourrait m'attendre dans cette grande ville de Hambourg.

Sankt-Pauli était réputé et surtout tristement célèbre. Là, je trouverais des gens de mon acabit. Et, surtout, je me trouverais suffisamment loin de Ulm, de Stuttgart et de tout le reste du sud de l'Allemagne. À Hambourg, je serais un homme libre !

Je commandai une bière après l'autre et, entretemps, une Wiener-Schnitzel[10]. Elle avait un goût aussi fade que la ville qui lui avait donné son nom et qui m'avait laissé tant de mauvais souvenirs.

Les paysages dehors devenaient de plus en plus nordiques. Du moins, je me l'imaginais, car je n'étais encore jamais monté aussi loin vers le nord de l'Allemagne. Le pays devenait plus plat, moins vert et davantage habité. Puis les habitations multiples devinrent de plus en plus denses et, finalement, nous glissions, tranquillement, entre les hauts gratte-ciels et le long des parcs, pour traverser de nombreux ponts sous lesquels je voyais d'innombrables autos et passants.

Lorsque le train arriva à la gare principale de Hambourg, j'attrapai ma bouteille d'eau et sur des pieds chancelants, tâtonnant, je traversai le compartiment vers la porte de sortie. Sur le quai, j'étudiai, avec grande difficulté, le plan de la ligne des bus, trams et métro. En tanguant, je descendis finalement les quelques marches du métro. Prenant la première rame qui arrivait, je me laissai tomber sur une longue banquette. Le monde glissait devant mes yeux, tel un film, et je constatai que j'avais bu quelques bières de trop.

Avec peine, je tenais mes yeux encore ouverts. « Ressaisis-toi, Willi, me dis-je, tu mets les pieds dans ta nouvelle patrie. » Puis, claquant des talons, je fis le salut militaire tout en me touchant le front, ce qui déclencha une rigolade parmi les

---

10. NdT : Une escalope viennoise, panée.

autres voyageurs. Avais-je dit cela à haute voix ? « Foutez-moi la paix », criai-je, me levant et me frayant un chemin vers la sortie, en titubant. Heureusement qu'il y avait partout de quoi se tenir.

Voyant un panneau qui annonçait Sankt-Pauli, dès que la porte s'ouvrit, je me glissai vite dehors et me traînai marche par marche vers la seule sortie du métro. Devant moi s'ouvrit le Millerntorplatz avec son immense rond-point et sa circulation dense avec, en son milieu, une petite baraque. Je pensai aussitôt : « Quelque chose à boire ne te fera pas de tort ! » Requinqué, je traversai la rue en direction de la baraque. Avec un élan un peu trop prononcé, j'ouvris la porte. À l'intérieur, assises devant les rares tables baignées de lumière tamisée, je n'y aperçus que quelques rares personnes.

Dérangées dans leur conversation ou leur repas par mon entrée fracassante, elles s'arrêtèrent pour, d'un bloc, me regarder. Mon regard tomba, tout de suite, sur un homme d'aspect iroquois, dont le cou et visage étaient couverts de tatouages. De son nez descendaient quatre lignes foncées et, autour de ses yeux, il y avait des bagues en tatouage, comme s'il portait un masque. Autour de sa bouche se dressait une fine barbe foncée, soigneusement peignée, et, dans le nez, il portait une belle grosse bague comme les buffles. Sa veste en cuir était couverte de chaînes et parsemée de « pins », badges et insignes d'un club de moto. Il me regardait avec, sur la bouche, un petit sourire moqueur. Cet homme me fut tout de suite sympathique. Me dirigeant droit vers lui, lui donnant une tape amicale sur le dos, je baragouinai dans ses oreilles, dans mon dialecte souabe le plus pur : *Noi, du alder Mofarocker*[11] ? Le sang qui coulait de mon nez et de ma bouche, quelques secondes après, avait un

---

11. NdT : Et alors, vieux rocker de moto ?

goût métallique. D'où son poing était-il sorti si vite ? Aucune idée. Un deuxième coup m'atteignit au front, je perdis l'équilibre et dégringolai lourdement sur le sol, sous les coups de pied venant des lourdes bottes, accompagnés de coups de poing bombardant tous les endroits de mon corps.

Était-on en train de me tabasser ? À ce moment-là, je n'aurais pu le dire. J'étais même incapable de me défendre. Ma tête bourdonnait, d'une part à cause de l'alcool et, de l'autre, à cause de la douleur. Après une éternité, les bombardements s'arrêtèrent. Prudemment, j'ouvris les yeux pour voir devant moi – et pas de manière nette – une main se tendre vers moi, comme si on voulait m'aider à me mettre debout. La main était tatouée. Je clignai des yeux. La main était toujours tatouée. Était-ce la même que celle qui venait de me frapper ?

Je n'attendis plus très longtemps et, de façon presque amicale, une voix étonnamment claire se fît entendre. Agrippant cette main, je me laissai tirer docilement vers le haut. À chaque mouvement, chaque muscle de mon corps me faisait mal. Devant moi, je ne vis que le visage tatoué de l'homme, grimaçant un sourire.

« Je suis sincèrement désolé, vieux, me disait-il. C'était juste pour que tu saches comment il faut se comporter par ici. Personne ne se conduit comme tu l'as fait ! » Alors que je le fixais, la bouche ouverte, il se retourna vers le bar en lançant : « Apportez donc un Coca à ce garçon. » Me faisant signe de m'asseoir, il se présenta : « Je m'appelle Rocky. »

Tout en sirotant mon Coca et en me massant la tête, je racontai à Rocky mes problèmes : j'arrivais d'Ulm et j'étais venu ici pour échapper à la police qui me recherchait, je ne savais pas où aller dormir et est-ce qu'il y avait un tuyau pour une bonne pension pour moi. « Si tu as des ennuis avec la police, pas de problème, tu dors chez moi!» décida Rocky. La discussion s'arrêta là.

En effet, une demi-heure plus tard, nous traversions la Reeperbahn, une rue emblématique du quartier chaud de Hambourg, en direction de Saint-Georges. Son appartement était situé dans un immeuble avec un nombre infini de fenêtres et d'étages. Dans l'entrée, cela sentait le renfermé et cela ne s'arrêtait pas en ouvrant la porte de son appartement. Lorsque j'eus mis les pieds dans son entrée faiblement éclairée, cela sentait le moisi, le tabac et une odeur sucrée. La porte entrouverte de sa cuisine me montrait une table remplie d'innombrables bouteilles de bière et autres spécimens alcoolisés, en plus de tous les cendriers pleins et des restes de repas. Rocky me conduisit dans le living où chaque espace possible servait de dépôt. Contre l'un des murs, il y avait un grand divan en cuir marron, une table basse devant et deux fauteuils en face. Contre l'autre mur, à côté d'une fenêtre sale, se trouvait une étagère et, dans son coin, une petite télé. Je déposai mes affaires. J'étais arrivé!

Pour les trois mois à venir, le divan en cuir allait devenir mon domicile. Il semblerait que le domicile de Rocky était une charnière et un pivot de la scène. Sans interruption, des tas de gens entraient et sortaient; dans la cuisine, on trinquait et on se passait les joints à la ronde. De temps à autre passait aussi Udo Lindenbergh, un chanteur connu qui se produisait avec un orchestre. Un an plus tard, Rocky faisait partie de son orchestre, mais je n'habitais déjà plus chez lui.

J'étais au courant que, peu avant, Rocky s'était séparé d'un milieu criminel de rockers. Pour le moment, il était à la recherche d'un job, en prononçant le «J» à sa façon. Quelques années plus tard, je le découvris dans un livre. Il y expliquait qu'il était devenu chrétien, à partir d'un groupe croyant de pantomime – je ne m'y attendais absolument pas.

Durant le jour, je logeais sur mon divan en cuir ; la nuit, j'étais en route. Me baladant le long de la Reeperbahn, je me laissais vivre, me régalant, chaque jour, au restaurant « Le Bœuf d'Erika ».

En visitant les différents lieux de variétés, j'y jaugeais les danseuses et me procurais de l'argent en volant les nombreux touristes. Je me fis aussi faire mon premier tatouage par un professionnel : une épée avec, à gauche et à droite, deux fleurs, le tout sur ma main gauche. Cela me coûta 180 DM[12]. Tous mes autres tatouages avaient été faits en prison, ceux-là furent piqués, plus ou moins bien.

Ma préférence était la Herbertstrasse, que je parcourais en reluquant les femmes qui se présentaient aux fenêtres dans l'attente d'un client. Mais, au lieu de profiter de leurs services, je me liais d'amitié avec elles et, assis dans leur salle d'attente, je prenais, comme elles, le café et les gâteaux, tant qu'elles n'étaient pas de service. Nous bavardions souvent la moitié de la nuit ensemble et les dames plus âgées me traitaient de manière quasi maternelle. Auprès d'elles, je retrouvais la confiance et une certaine atmosphère chaleureuse, comme celle que j'avais connue au « Drei-Farbenhaus » à Stuttgart.

Trois mois après, je quittai Rocky pour une petite chambre chez une propriétaire de bordel, en plein milieu de la Reeperbahn. À l'intérieur, il y avait une table, un lit, une armoire et une télé. Dans un tout petit coin-cuisine sans réfrigérateur, on trouvait une unique plaque de cuisson. Une porte menait à une salle de bains minuscule. Avec plaisir, je regardais

---

12. NdT : environ 90 €.

à la télé l'émission : « Affaires XY non résolues[13] » dans laquelle Edouard Zimmermann présentait les cas non-résolus de la police. Cette émission incluait un appel à la population pour apporter de l'aide. Régulièrement, j'y voyais des connaissances de certaines prisons d'Autriche ou de la scène criminelle d'Ulm.

Ce soir-là, il était encore une fois question de ma ville natale et le criminel recherché avait cent cinquante délits sur la conscience ; il était armé et comptait pour dangereux. Son dernier habit était un long manteau vert. Je dressai l'oreille. Ils ne parlaient tout de même pas de moi ? J'étais connu pour mon manteau vert. Mais je l'avais déjà liquidé à Ulm parce qu'on l'avait évoqué dans un journal local. « La récompense pour sa capture s'élève à 5000 DM[14] », continua la voix sonore de Zimmermann. Puis j'apparus sur l'écran. La photo n'était pas spécialement réussie, mais c'était moi ! En personne ! Évidemment, la police connaissait déjà mon nom, mais me voir nommé et en photo à la télévision nationale voulait dire que j'étais maintenant en danger dans mon abri hambourgeois. Tout mon corps tremblait. Que faire ? Pourrais-je encore descendre dans la rue ? Plusieurs connaissaient mon nom : Willhelm, même si la plupart d'entre eux m'appelait Willi. Et maintenant, que faire ?

J'éteignis la télé, mis ma veste et descendis l'escalier pour vite courir chez « mes filles » de la Herbertstrasse. Arrivant en trombe et énervé chez elles, je racontai dare-dare ce qui venait d'arriver, en les suppliant : « Je vous en prie, ne me dénoncez pas ! » Elles me calmèrent et promirent de ne rien dire.

---

13. NdT : *Aktenzeichen ungelöst* : émission officielle de la police judiciaire allemande, à la recherche du coupable d'un crime XY non-résolu.
14. NdT : environ 2500 €.

Mais, lorsque je quittai la chaleur de leur salon, pour moi, le monde dehors n'était plus le même. À chaque coin de rue, j'étais prudent et sur mes gardes, surveillant la police de la Davidswache, craignant que ma photo avec avis de recherche soit déjà parvenue jusqu'à la côte de la mer du Nord. Jusqu'à maintenant, on m'avait laissé en paix. Cela allait changer aujourd'hui, car non seulement la police présentait un danger pour moi, mais chaque habitant de Hambourg et chaque touriste ayant vu l'émission était à même de me reconnaître et de me dénoncer à la police.

Je retournai vers ma chambre, m'y traînant comme un chien battu, la queue entre les jambes. C'est seulement le lendemain soir, à l'abri de la nuit, que j'osai sortir à nouveau. Toujours sur mes gardes, je traversai la Reeperbahn, incapable d'avoir une pensée claire ou de voler un portefeuille sans qu'on le remarque. Tout à coup, j'entendis une voix derrière moi : « Stop, monsieur Buntz, restez où vous êtes, je vous arrête ! » Merde, j'étais repéré ! D'un coup d'œil, je pris conscience de la situation. Sautant derrière une voiture en stationnement dans la rue, tirant mon arme hors de la poche de mon jean, m'orientant rapidement, je tirai droit dans les jambes des policiers venant vers moi en courant. Hélas, ce fut raté ! Leurs tirs précis répondirent, immédiatement, au mien. Tel un coup de couteau, une douleur fulgurante traversa ma jambe gauche. L'arme me tomba des mains. D'un saut, les policiers étaient là et, me tenant d'une prise ferme, ils me retournèrent, visage contre le sol. Je m'attendais à ce que le clic familier des menottes me fasse paniquer, mais rien de tel n'arriva. Au contraire, je ressentis plutôt un soulagement. On m'a eu ! Ma carrière de criminel en liberté a pris fin et, en même temps, cela voulait dire aussi : ma fuite a pris fin !

4

FAUTE

Stammheim, 1976

Après une nuit dans la Davidswache, je partis avec un transport de prisonniers vers l'Allemagne du Sud. La nuit suivante, je logeais avec quarante autres prisonniers dans une cellule commune de la prison *Roter Ochse* («Bœuf rouge») à Ludwigsburg. C'était un bâtiment en pierres rouges qui lui avaient donné son nom. Comme il n'y avait pas moyen de dormir, nous avons passé la nuit à jouer aux cartes. La dernière étape, le lendemain, nous conduisit jusqu'à Stuttgart-Stammheim dans un centre de détention. Dans une grande pièce, nous étions groupés à différents endroits de la pièce, selon la gravité des délits commis et l'étage qui nous était alors destiné. On m'avait d'abord adjoint au groupe pour le 6ᵉ étage, mais comme il n'y avait plus de place, on me mit avec les prisonniers du 7ᵉ étage. Cet étage-là devait me réserver quelques surprises. Là, les prisonniers n'avaient pas le droit d'aller travailler, même s'ils le désiraient. Certains devaient, chaque jour, déménager, en vue de l'inspection de leur cellule. Nous, du 7ᵉ, n'étions pas autorisés à nous promener dans la cour d'en bas avec tous les autres prisonniers. Nous avions notre propre domaine dans une grande cage de fil de fer, se trouvant tout en haut sur le toit du bâtiment. À l'extérieur de cette cage étaient postés plusieurs hommes armés de pistolets-mitrailleurs. Dans cette prison, j'atterris dans la zone de haute sécurité, spécialement surveillée.

Lors de nos promenades sur le toit, les conversations entre prisonniers étaient autorisées, quand il ne s'agissait pas d'anciens complices.

À certains prisonniers, on ne devait pas parler. C'était valable pour quatre contemporains à l'air jovial, qui faisaient leur ronde en même temps que moi. D'abord, je n'en crus pas mes yeux : j'étais emprisonné avec mes grands modèles, Andreas Baader, Ulrike Meinhof, Gudrun Ensslin et Jan-Carl Raspe, le fondateur de la RAF, une organisation terroriste[15].

J'étais tout excité et je voulais absolument leur parler. L'interdiction de le faire me poussait justement à faire l'inverse. Lors d'un moment favorable, je me présentai à Gudrun Ensslin. Elle était douce et presque timide. Avec le temps, une amitié se créa entre nous – pour autant que cela fût possible. Je lui dis à quel point j'admirais ses actions. Ulrike Meinhof présentait toujours un visage de marbre et Andreas Baader était un peu fou-fou. Ulrike, à qui je faisais la remarque que je ne pouvais pas imaginer qu'elle eût tué des êtres humains, se mit à rire en disant : « On nous impute tant de choses que nous n'avons pas faites, alors pourquoi pas encore ça ? » Comme tous les prisonniers, ces quatre complices recevaient dans leur cellule le journal. Mais, chez eux, on avait coupé tous les articles concernant la RAF. Je les informais donc régulièrement de ce qui était écrit dans les journaux les concernant.

Plus tard, j'appris que Gudrun était fille de pasteur et qu'elle avait été responsable du groupe des jeunes à la paroisse de son père. Elle avait chanté de nombreux chants religieux, elle avait animé des cercles bibliques et géré les occupations des jeunes pendant les vacances. Peut-être avait-elle manqué de véritables modèles de foi ? Ou rencontré quelques déceptions ? En tous cas, elle semblait avoir le sens de la justice et de l'équité.

---

15. NdT : RAF, *Rote Armee Fraktion*, « Fraction de l'Armée Rouge », connue spécialement en Allemagne et jugée pour ses nombreux attentats et prises d'otages ; elle est connue en France sous le nom de « la Bande à Baader ».

Apparemment, elle avait trouvé en Andreas Baader ce qu'elle n'avait peut-être pas su trouver dans sa foi chrétienne.

Au bout d'un peu plus d'une année à Stammheim, je reçus une lettre. Il s'agissait de l'acte du réquisitoire qui évoquait quelque cent cinquante points d'accusation. Je fis donc la connaissance de mon avocat, M. Kofler, commis d'office pour ma défense. Je ne le rencontrai qu'une fois à Stammheim, et notre conversation fut relativement courte. Il me demanda si, concernant ces accusations, j'avais quelque chose à déclarer, ce à quoi je répondis : « Je suis innocent de tout ! » Sceptique, Kofler me regarda, mais ne répondit pas, tout en murmurant quelque chose à propos d'actes qu'il allait demander.

Pour être précis, je n'étais innocent que de trois ou quatre de ces accusations. J'en étais certain parce que, au moment où ces délits avaient eu lieu, j'étais soit déjà à Hambourg, soit à un autre endroit en train de commettre un acte également répréhensible. Ce n'était pas vraiment l'alibi parfait pour une innocence globale, mais je fermais sagement mon clapet. De toute façon, tout cela m'était devenu égal. Surtout parce que, dans cet acte d'accusation, j'avais découvert que le type saoul qui, en son temps, m'avait énervé en voulant que je lui procure une femme avait succombé à ses blessures. Meurtre ? Accident ? De toute façon, je n'allais pas sortir de là de sitôt. J'essayai alors de ne plus m'intéresser à ce qui allait arriver et passai mes journées à lire, manger et à faire ma ronde quotidienne.

Six mois plus tard, le moment décisif arriva : mon procès allait avoir lieu dans une semaine. À cet effet, on me conduisit à la maison d'arrêt d'Ulm que je connaissais déjà. Bientôt, ce procès allait changer ma vie !

Ulm, 1977

La meilleure chose à faire serait d'avouer. Assis dans une petite pièce, sur un côté du mur une fenêtre grillagée, sur l'autre la porte blindée ; aux deux autres murs, il n'y avait rien. Une table me séparait de mon avocat de la défense. Mes mains menottées étaient attachées avec un anneau à la table.

« Le mieux serait un aveu, monsieur Buntz ! répéta Kofler avec un regard insistant dans lequel je voyais du découragement. Un aveu réduira votre peine et vous aurez une chance d'écoper de moins que ce que le procureur réclame actuellement. »

« Je suis innocent, regardez-moi ! Me croyez-vous donc capable d'avoir fait tout cela ? » lui répondis-je. Mon regard insistant devait lui signifier : votre réponse ne peut pas être OUI ! Mais son regard me répondit : Sérieusement, mon enfant ? Kofler et moi ne deviendrions jamais bons amis.

Pendant toute une semaine, cette même scène se répéta. Mais je restais sur ma position, je ne dirais rien de plus. Mon espoir était qu'ils m'imputeraient beaucoup moins de délits si je me taisais. Peut-être n'avaient-ils pas beaucoup de preuves contre moi et qui sait, peut-être même rien du tout... et ce serait alors ma libération ? Je ne dirais donc rien du tout ! Pas un mot !

Le jour du procès, à mon réveil, je regardai à travers la fenêtre grillagée qui s'ouvrait sur un ciel nuageux. Pas une lueur d'espoir à l'horizon. Je savais que les vingt-huit jours suivants allaient être une torture. Köhler me dit qu'il y avait cent témoins à charge. Cent personnes qui allaient dire au procureur ce que je savais déjà depuis pas mal de temps : que j'étais vraiment coupable. J'avais trompé des gens, j'avais trahi des gens, j'avais volé des gens, j'avais privé l'un ou l'autre d'un avenir prometteur et j'en avais même tué deux. Je n'avais pas agi comme quelqu'un de bien, c'était évident. Mais qu'aurais-je pu faire ? Dans le monde, j'étais ce Willi dont personne ne voulait et moi, je ne voulais pas ce monde. De toute façon, je n'avais rien appris d'autre que voler les gens, les tromper et les tabasser. Déjà, dans les foyers d'accueil, j'étais « Willi-Bain-de-Sang ». Depuis toujours, cela semblait être ma destinée.

Un vent froid me frappa au visage, lorsque les deux gardiens passèrent la porte de la prison avec moi, menottes aux poignets, pour traverser la rue et se diriger vers le palais de justice. Ce n'était pas une marche très longue, mais elle m'apparut comme une éternité. Nous avons encore franchi une petite porte et passé les contrôles de sécurité dans un long couloir, pour monter ensuite un escalier en colimaçon. M. Kofler nous reçut dans une petite pièce pour m'expliquer ce qui m'attendait. Du dehors, j'entendais des voix et des pas. Beaucoup de pas et beaucoup de voix. Sans doute y avait-il, en même temps, un grand procès qui suscitait un vif intérêt public ? J'écoutai à peine Kofler. Tout m'était égal ! Les deux agents m'agrippèrent par le bras, me tirèrent en avant vers une porte qu'un troisième agent ouvrit. Je fus ébahi ! Mon regard tomba sur une salle immense et je vis une centaine de personnes assises sur les bancs.

Beaucoup tournèrent la tête dans ma direction, me montrant en chuchotant. Lentement, il m'apparut qu'il n'y avait pas d'autre grand procès. Le grand procès, c'était le mien. Ces gens étaient là pour moi.

Lorsque j'eus franchi la porte pour entrer dans la salle, on me conduisit vers un pupitre situé sur la gauche, et un agent me demanda de prendre place. Il lia mes menottes ensemble avec un anneau, attaché au pupitre. Mon avocat s'assit à côté de moi. En face de nous, il y avait un long banc avec plusieurs micros.

Le banc des juges situé à l'avant de la salle offrait de la place pour six personnes. Devant ce banc, au milieu de la salle, se trouvait une table, destinée vraisemblablement aux témoins, qui était également équipée d'un micro.

En face, quelque chose bougea. Le Procureur arrivait avec quelques autres personnes qui prirent place. Je sentais les regards critiques qui me toisaient, mais cela m'était égal. Tout ce tralala m'échappait complètement. L'accusation prit place de son côté et quelqu'un aboya qu'il fallait se lever, car la haute cour faisait son entrée. À côté du juge principal, il y en avait quatre autres et je ne me sentais pas peu fier. Suivirent les formalités fastidieuses que je connaissais par d'autres procès, sauf que là, tout était beaucoup plus complexe. On souhaita la bienvenue au ministère public et on procéda à la vérification des identités, puis la partie civile fit de même. J'appris alors que l'une des femmes était la veuve de celui à qui, devant le bistrot, j'avais brisé, sans le vouloir, le crâne. Le directeur de la banque que j'avais braquée avec mon copain était là également.

Quelques camarades de jeu, peut-être, mais leurs déclarations positives à mon sujet n'allaient pas suffire à convaincre le juge. Je n'avais pas beaucoup d'autres noms en tête.

Mais, au fond, rien de tout cela n'avait vraiment d'importance. J'étais décidé à ne rien dire, parce que moins j'en disais, plus grande était la probabilité d'avoir en main toutes les preuves de ma culpabilité. Et je n'aurais sans doute personne pour déposer une déclaration positive à mon égard. Qui donc y serait disposé et voudrait se donner de la peine pour un individu comme moi ?

Je reconnus certains des témoins, dont une barmaid de la boîte *Le Bœuf d'Erika* où j'allais tous les jours lors de mon séjour à Hambourg. J'appris que c'était elle qui m'avait dénoncé à la police à la suite de la diffusion à la télévision de l'émission « Affaires XY non résolues ». Heureusement, ce n'était pas l'une de « mes » amies de la boîte de nuit de la Herbertstrasse qui avait fait cela. Cela m'aurait vraiment fait mal. Et la traîtresse, qu'avait-elle fait de la prime promise pour cette trahison ?

Mon avocat fit quelques tentatives bancales pour présenter le témoignage des témoins comme étant invraisemblable ou inexact. Mais, à travers son faible interrogatoire, on sentait que l'homme ne voyait aucune chance d'obtenir un allègement de peine, voire un acquittement (qui aurait pu en rêver ?). Au contraire, il me redisait à chaque interruption : « Monsieur Buntz, ça n'a pas l'air d'aller, les preuves sont accablantes. Ça ne va pas ! », et secouait la tête, découragé. Avec lui, rien à espérer.

Un des derniers jours, j'étais derrière mon pupitre. Le box des accusés était complètement fermé, conçu de manière à ce qu'on ne voie que la tête et les épaules de l'accusé, qui pouvait donc se retrancher derrière le bois sombre. Cela reflétait assez bien mon état d'âme du moment. Durant le procès, je n'avais rien laissé m'atteindre. C'était comme si j'étais devant la télévision occupé à regarder un trop long épisode d'un dossier XY, en buvant une bière et en attendant que des personnes connues se présentent. J'avais l'impression que toute cette procédure tournait autour de quelqu'un d'autre que moi, de quelqu'un de complètement différent.

C'est alors que le témoin suivant fut appelé et que la lourde porte de la salle s'ouvrit lentement. Mon regard se fixa sur la porte en bois sombre. Je connaissais l'homme qui était en train de la franchir. Il marchait, courbé comme sous une lourde charge, les cheveux bien plus gris qu'auparavant. Son visage sillonné de rides profondes me semblait encore plus ravagé qu'à l'époque. Ses mains rugueuses, avec lesquelles il m'avait battu pendant des années, étaient ridées, c'était celles d'un vieux. Il regardait vers le bas, mais je sentis immédiatement qu'il n'y avait aucune chaleur, aucune grâce à attendre, aucune compréhension – juste un froid désespoir. Cet homme était mon père.

Je frissonnai. Comment mon père était-il entré dans ce procès ? Qu'allait-il dire ? Qu'allait-il faire ? Allait-il être positif à mon sujet ? Après tout, c'était quand même mon père !

On le conduisit à la barre et il fut soumis aux formalités d'usage. Le juge lui demanda alors sans ambages : « Monsieur Buntz, nous avons entendu plus d'une centaine de témoins. Aucun d'entre eux n'a pu dire quoi que ce soit de positif sur l'accusé. Mais il doit bien y avoir quelque chose quand même, n'est-ce pas ? Y a-t-il quelque chose de positif que vous puissiez dire sur votre fils ? »

Mon père resta silencieux pendant quelques secondes, peut-être même quelques minutes. Puis il tourna son regard vers moi et, me regardant de ses yeux tristes et froids, il dit : « Non, je ne peux rien dire de positif sur mon fils. Nous avons peur de lui. Nous sommes complètement épuisés, nous sommes à bout. Ma femme mouille sa culotte rien qu'en entendant le nom de Helme. Ses frères et sœurs tremblent devant lui. Nous ne dormons plus, car ce garçon est notre cauchemar. »

Je répondis à son regard avec la même froideur que le sien. Mais, sur le visage de mon père, je découvris quelque chose d'émouvant que je n'avais encore jamais vu ; une larme coulait de ses yeux, le long de son visage. Une seconde. Et encore une autre. Mon père pleurait. Ce vieux guerrier, cet homme dur et brutal… pleurait ! J'étais envahi d'un sentiment indescriptible, j'étais en même temps profondément ému et complètement déconcerté. Que se passait-il ? Était-il possible que ce grand patriarche qui avait toujours su quoi faire fût ainsi à bout ?

Le juge haussa les sourcils. « Eh bien ! nous ne sommes pas ici pour exaucer des vœux, mais… » Le juge fit une pause quelques secondes comme s'il réfléchissait. « Eh bien, partagez-nous votre souhait, monsieur Buntz ! »

« S'il vous plaît, monsieur le juge, répondit mon père d'une voix presque inaudible et entrecoupée par les larmes qu'il ravalait, s'il vous plaît, instaurez à nouveau la peine de mort. »

La salle manquait d'air. Le juge leva les yeux avec incrédulité sur le vieil homme brisé. Je regardai avec horreur la personne qui comptait le plus dans ma vie, qui était mon modèle à bien des égards, malgré tout ce qu'il m'avait fait. L'homme que je croyais être le plus susceptible de venir à mon secours, le seul qui pourrait me tirer hors du marais.

« S'il vous plaît, comprenez-moi bien, reprit-il, ce n'est pas comme si nous n'aimions pas notre fils. » Je laissai échapper une profonde inspiration, je sentis mes yeux se plisser, ma bouche se resserrer. Une colère effrénée monta en moi. « Je l'aime, continuait-il, mais nous voulons enfin avoir un peu de paix. Par conséquent, réintroduisez la peine de mort, s'il vous plaît. »

Je bondis de ma chaise qui, avec fracas, vola en arrière et je levai les bras. Mouvement qui, à cause de mes menottes attachées à l'anneau du pupitre, s'arrêta d'un coup brusque et douloureux. Quelle que fût ma douleur, je tendis l'index et poussai mes bras vers la barre des témoins jusqu'où c'était possible. Le visage déformé par la colère, je prononçai la seule phrase cohérente énoncée durant ce procès. Je fixai mon père d'un regard perçant et terrifiant en criant du plus profond de ma gorge : « Et toi, tu mourras à cause de ça ! »

Toute la salle était sous le choc. Certaines personnes bondissaient de leur banc, tout le monde parlait. Deux policiers se jetèrent sur moi, relevèrent la chaise et me forcèrent violemment à me rasseoir, de sorte que le bois de la chaise émit un bruit de craquement. Le juge tapait furieusement son marteau sur la table et demandait, d'une voix forte, le silence.

« Monsieur Buntz ! Je vous rappelle à l'ordre ! Ce sera enregistré dans le protocole et pris en compte dans le jugement ! » hurla-t-il. Je m'en fichais. J'étais toujours surveillé par les fonctionnaires qui me maintenaient avec force. J'étais fou de rage ! J'aurais aimé lancer quelque chose sur mon père, quelque chose qui pût vraiment le blesser – mais il n'y avait plus personne assis là. Mon père était parti. La barre des témoins était vide. En regardant la porte, je vis seulement son dos courbé disparaître dans l'obscurité. Il me tournait une nouvelle fois le dos. Encore. Cette fois-ci, j'avais pourtant l'impression de l'avoir mérité.

Le lendemain, les plaidoiries furent déposées. Le procureur requit la réclusion à perpétuité avec une période de sûreté incompressible. Mon avocat tenta de plaider pour moi ; la mort de l'homme devant le bar n'était pas un meurtre, car il n'était pas mort tout de suite. Il préconisa de le classer comme homicide involontaire et de fixer une peine de prison nettement inférieure.

Sa veuve, quant à elle, disait, avec des mots simples : « Punissez durement et justement monsieur Buntz ! » Quand le juge me demanda si je voulais dire quelque chose, je répondis de façon brusque : « Foutez-moi la paix ! »

Le tribunal mit quelques jours pour rendre son verdict. Pour finir, je fus conduit une dernière fois devant le tribunal pour le prononcé du jugement. J'étais très tendu. Extérieurement, je gardais mon calme et j'avais l'air désinvolte, mais, à l'intérieur, j'étais affaibli comme une épave. Je savais que la punition ne serait pas douce, je me doutais même qu'elle allait être dure.

« Un homme sans prison et bons plats est comme un navire sans mât », disions-nous en riant jaune à propos de notre destin de prisonniers. Mais la vérité était bien que je ne voulais pas aller en prison. Ni à court, ni à long terme. Je voulais être libre et, dans mon imagination, j'inventai, maintes et maintes fois, de nouveaux scénarios d'évasion possibles. Je savais que j'avais le droit de m'évader de prison, étant protégé par la Constitution. Pas exactement, bien sûr – l'État n'avait pas à me permettre de m'évader de la prison dans laquelle il m'avait mis. Et, bien sûr, l'État pourrait me rattraper et me remettre immédiatement en prison. Mais je savais aussi que la liberté humaine était inscrite dans la loi fondamentale et que je n'avais pas à être puni pour avoir fui. Donc, si je devais fuir, je pourrais être soumis à des conditions plus sévères au sein de la maison d'arrêt, mais il ne serait pas possible de prolonger ma peine au-delà du temps imparti. Pour moi, cela signifiait : j'ai le droit de fuir. Et j'allais essayer.

Les juges réapparurent, quelques mots furent prononcés, puis tout le monde dut se lever pour entendre le verdict. « Au nom du peuple, je proclame le verdict suivant », déclara le juge en lisant – à haute voix – le texte préparé à cet effet. Je me sentais comme étourdi, j'avais le vertige. Le verdict se composait de ma condamnation d'Autriche avec sursis, avortée, et de mes condamnations pour l'époque de Ulm et de Hambourg : quatorze ans d'emprisonnement avec mesures de sécurité renforcée, cette sécurité renforcée ne pouvant être levée qu'à l'issue d'une durée de dix ans de détention ferme. Donc vingt-cinq ans en tout. Un quart de siècle. Plus que je n'avais eu auparavant.

Le juge nous demanda de nous asseoir. « J'ai un fils à peu près du même âge que l'accusé, dit-il, et croyez-moi, cela me briserait le cœur de le voir assis ici. D'un point de vue humain, monsieur Buntz n'a pas besoin de prison, mais d'aide. En fait, il faudrait plutôt le relâcher et prendre grand soin de lui.» Le juge ému fit une pause. «Cependant, nous ne sommes pas ici pour représenter le côté humain, mais la Loi. C'est mon travail d'établir la justice selon la loi allemande. Et je suis là encore pour protéger le public de gens comme vous, monsieur Buntz.»

Les autres mots se perdirent au loin. Humanité. Justice. Qu'y avait-il de juste dans l'enfermement de jeunes derrière les barreaux pour toujours? La vie a-t-elle été juste avec moi? Avais-je une seule chance de devenir autre chose que ce que je suis devenu? Était-ce de ma faute si ma mère m'avait abandonné? Que mon père m'avait battu et que personne ne voulait de moi?

Qu'aurais-je dû faire, alors? J'étais Willi, j'avais fait ainsi mon chemin, j'étais bon dans ce que je pouvais faire. Je pris alors une décision, je ne changerais pas ça en prison non plus.

Je ne fis pas appel du verdict. Mon avocat ne me le suggéra pas non plus. À la date limite, je reçus une lettre indiquant que le jugement était maintenant définitif. On me ramena à Stammheim où une commission décida quelle serait la prison la plus sûre pour moi. Il n'était pas question de m'aider à me réinsérer ultérieurement, non; pour moi, il fallait juste une prison de haute sécurité. Mannheim, Fribourg et Bruchsal furent suggérées. Le choix se porta sur Bruchsal.

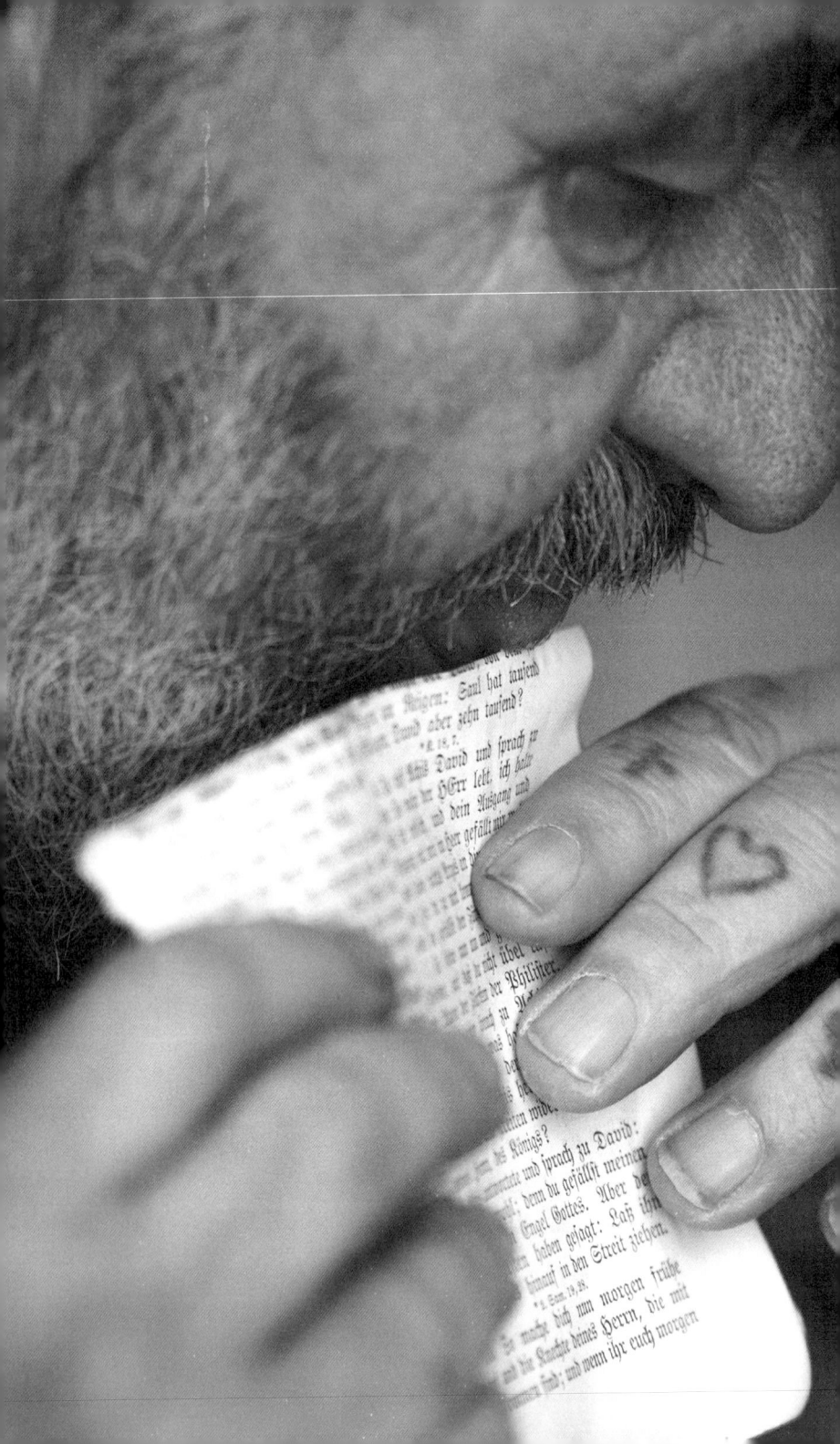

5

SALUT

Prison de Bruchsal, 1977

La Schönbornstraße à Bruchsal – la plus longue rue du monde :
« Il faut juste un instant pour y entrer et toute une vie pour
en ressortir ! » C'était le cas avec mes quatorze ans de réclusion ferme, plus la longue détention conditionnelle qui me
tombait dessus. Lors de ma première promenade dans la cour,
un homme âgé à la barbe incroyablement longue marchait
à côté de moi. Il me dit qu'il avait suivi mon procès dans le
journal, mais qu'il ne connaissait pas la sentence. Indigné, je
lui rapportai ma longue condamnation. Il rit en disant : « Si
peu ? » Il me sourit, moqueur. Intrigué, je le regardai. « En ce
qui me concerne, j'ai sept condamnations à perpétuité, me
dit-il, et même si j'ai été gracié sept fois, j'aurai toujours un
procès ouvert pour meurtre. Je ne sortirai réellement jamais
d'ici. » J'avalai ma salive en marchant, silencieusement, à ses
côtés.

Le soir, allongé dans ma cellule, je me posai, pour la
première fois, des questions au sujet de mon avenir. Murs
blancs nus, placard, lit, table, toilettes derrière un paravent, voilà ma cellule portant le numéro 116. Ça allait être
ma demeure pour les prochaines années ou décennies. Un
sentiment oppressant m'étreignit. Mais j'avais aussi un peu
l'impression d'être enfin arrivé quelque part. Enfin, ne plus
avoir à déménager continuellement, à changer tout le temps
de compagnons, de cellule, de nouvelles règles, de nouvelles
hiérarchies… Je pouvais maintenant concentrer mon énergie à
m'installer ici, à m'arranger le mieux possible et à trouver ma
place parmi les autres.

Dehors, des pas retentirent jusque devant ma porte, un bref
claquement métallique et soudain, la « trappe d'alimentation »

s'ouvrit. Le visage souriant d'un garde apparut. « Helme, mon garçon, s'exclama-t-il. C'est fou de te voir ici ! » J'étais tout confus.

Comment connaissait-il le nom qu'on me donnait quand j'étais enfant ? Dans les cercles de voyous et dans les prisons, j'étais connu sous le nom de Blacky ou Willi.

« Désolé, je ne sais pas qui vous êtes », répondis-je en m'approchant de la porte. À y regarder de plus près, ce visage me semblait familier, mais je ne savais pas d'où. « Rolf Gauch… me reconnaissez-vous, maintenant ? » Après y avoir réfléchi un instant, cela me revint. Naturellement ! Rolf Gauch ! Il appartenait à l'Église de Sion à Ulm. Après ma sortie de l'hôpital, j'avais vécu là, bébé, avec le pasteur Theurer et, plus tard, j'avais fait la connaissance de Rolf dans cette communauté paroissiale. Il avait épousé Ursula, l'une des filles du pasteur.

Nous parlâmes un moment et je lui racontai mon histoire dans les grandes lignes. « Petit enfant, tu étais dans mes bras, murmura-t-il songeur, et maintenant tu es ici, cela me fend le cœur. » Éprouvant une grande tristesse intérieure, je haussai les épaules. « Malheureusement, je n'ai pas le droit de te donner une préférence, je dois te traiter comme tout le monde », dit-il en partant. Il semblait en être vraiment désolé, on aurait dit qu'il voulait ouvrir la porte pour me faire sortir, en me prenant la main, de cette prison. Mais, au moins, j'avais maintenant une certaine connexion avec le monde extérieur, avec des personnes pour qui j'étais quelqu'un à aimer. Donc, pas de mauvais pressentiments dans mon nouveau « chez moi », qui n'avait cependant pas été mon choix.

La prison de Bruchsal est construite en forme d'étoile. Elle est divisée en quatre branches. Je suis dans la première aile où logent les meurtriers, les voyous et les terroristes, tous les vilains gars au passé lourd. La deuxième aile est pour les voleurs et les brigands, pour toute personne condamnée à moins de dix ans. La troisième aile est réservée aux délinquants sexuels, aux violeurs et aux agresseurs d'enfants. Dans la quatrième aile se trouvent les voleurs de petite envergure, les escrocs, les délits légers. Les gars y étaient presque en visiteurs.

L'aile « trois » était naturellement tout en bas de la hiérarchie pénitentiaire ; la « quatre », on la remarquait à peine ; l'aile « deux » avait déjà un certain respect pour nous ; quant à la « première aile », nous nous sentions tous nettement supérieurs. Personne n'ose contredire ou tromper un meurtrier. Quiconque est emprisonné à vie se moque de toute façon de tous les autres prisonniers. Il était dangereux de traiter avec nous. Et cela nous était très bénéfique.

Très vite, j'appris comment je devais me situer dans la hiérarchie fonctionnant jusqu'au sommet. Tout d'abord, on ne devait, en aucun cas, donner l'impression d'être « amis-amis » avec les gardiens de la prison ou de coopérer avec eux. Par conséquent, à chaque occasion, j'affichais mon dédain pour eux. Lorsque le repas n'était pas à mon goût, par exemple parce qu'il y avait de nouveau des pommes de terre, j'attendais que la nourriture fumante soit dans mon assiette pour la jeter au visage du gardien.

Une enveloppe étrangement épaisse m'arriva un jour. Je savais qu'elle contenait de l'argent pour moi. Le devoir du gardien était de l'ouvrir et d'en vérifier le contenu. D'emblée, j'arrachai l'enveloppe des mains du gardien en courant le plus vite possible dans la cellule de mon ami Dieter, pour y déposer l'argent. Puis, toujours en courant, je réintégrai ma propre cellule, qui était en diagonale de l'autre côté du couloir.

Presque chaque dimanche, les prisonniers se rendaient au culte. Naturellement, pas par intérêt pour les chants ou les sermons, mais ces offices du dimanche étaient une excellente opportunité d'échanger des informations – et bien d'autres choses. Alors que l'orgue tonnait et que des dizaines de gorges d'hommes hurlaient leurs chants, on n'entendait plus le bruissement des petits sacs, introduits clandestinement, échangés entre les rangées et cachés dans les parties les plus improbables du corps. Ces offices étaient également une des seules occasions d'entrer en contact avec les prisonniers des autres ailes.

Le dimanche suivant, je pris mon briquet à essence et m'assis tout devant, près de l'autel, endroit plutôt impopulaire qu'on évitait. Lorsque le pasteur Schmidt se retourna pour la liturgie, d'un bond je me précipitai vers l'autel, versai l'essence du briquet sur la Bible et j'y mis le feu. Avant même que j'eusse pu apprécier mon « beau » travail, trois gardiens se précipitèrent et me tirèrent vers la porte de sortie. À droite et à gauche de nous, mes frères de prison hurlaient de plaisir. Ce qui se passa ensuite avec la Bible, et plus encore quelle tête faisait Schmidt, je n'en sus jamais rien.

À part ça, j'ai toujours été fait pour les bagarres. Avec enthousiasme, je participais à toutes les échauffourées et rixes qui se présentaient. Nous aimions particulièrement cibler les gays. Pour la plupart, ce n'étaient pas des durs à cuire, mais les pauvres victimes de notre arrogance. Quand je me sentais provoqué par le regard d'un homosexuel (ou que je voulais me sentir ainsi), je l'attrapais et, le tirant dans sa cellule, je le tabassais sans le moindre ménagement.

Ce genre d'exploit m'a toujours apporté des hourras d'approbation de mes codétenus – mais régulièrement aussi le cachot. L'action contre la Bible me coûta cher, je pris six semaines de cachot, punition sévère en prison. On la recevait pour avoir gravement enfreint les règles élémentaires de l'établissement. Ce cachot était une pièce voûtée avec un plafond semi-circulaire. Le bas des murs était en pierres de taille. La pièce n'était pas peinte. Mais, contrairement au cachot que j'avais connu en Autriche, ici c'était chauffé. Le mobilier était spartiate : un lit, des toilettes et un lavabo accroché au mur. Outre les vêtements, le seul objet autorisé dans le cachot était… la Bible.

L'ennui était mortel dans ce lieu, mais le pire était que je ne pouvais pas fumer ! Or, je consommais un bon paquet de tabac par jour, étant donné qu'en général, nous étions autorisés à fumer. Une fois par mois, nous achetions au magasin de la prison – avec l'argent gagné par notre travail – ce qu'il nous fallait pour fumer. C'était mon plus gros budget de dépense. Souvent, à la fin du mois, je n'avais plus de quoi payer et je devais, soit en piquer aux prêtres, aux codétenus, soit l'échanger contre des timbres-poste ou autres produits de consommation. Un paquet de tabac coûtait alors 1,80 DM, ou 10 DM en timbres-poste. Mais rien de tout cela n'était d'utilité dans le cachot, parce que je n'avais pas le droit d'y emporter quoi que ce soit. Je pus quand même faire passer du tabac, dissimulé dans mes chaussettes. Mais un paquet de feuilles de papier à cigarettes aurait été remarqué. Une fois par jour, l'un des prisonniers, responsable du nettoyage des sols, des toilettes, des bureaux et de la distribution de nourriture passait dans les cachots. Il pouvait alors cacher un sachet de tabac dans la cafetière et s'occuper ainsi de moi, surtout lors de mes longs séjours au cachot.

Un sentiment de triomphe m'envahit. Rien que par dépit – et pour passer un peu le temps – je pris la page de la Bible que j'avais arrachée et la lus en détail, recto verso. Ce Dieu

– qui n'existait pas de toute façon – pouvait bien se remuer. Quelque chose y était écrit à propos de deux personnes créées par Dieu qui étaient nues, ce qui pouvait quand même être intéressant. Je pliai le papier deux fois de manière à ce qu'il soit divisé en quatre quartiers, puis je déchirai chaque quartier en quatre morceaux identiques, tous de la taille d'une feuille de papier à cigarettes. Ravi, j'en pris un, y mis du tabac, le roulai, le mouillai de la langue et le mâchai avec les dents, pour que le papier colle ensemble. Puis je mis ma première cigarette sacrée en bouche, levai le briquet et je tirai. Ça marchait ! J'expirai la fumée avec délectation et m'appuyai contre le mur. La cigarette était inhabituellement forte – c'était probablement dû à l'encre de l'imprimerie ou à un autre additif dans le papier. J'eus une quinte de toux, mais cela n'allait pas m'enlever le plaisir de cette forme de tabagisme. « Je fume la Bible, maintenant ! » pensai-je en riant.

Prison de Bruchsal, 1984

Le cliquetis des plats en fer blanc derrière moi s'estompait lentement, tandis que je revenais de la salle à manger à ma cellule. Le repas était correct aujourd'hui : rôti de porc avec du riz et des légumes, et une salade. Quand il n'y avait pas de pommes de terre, c'était un vrai plaisir de manger ici. Il y avait toujours des légumes frais, de la viande deux fois par semaine, du pain matin et soir – confectionné dans notre boulangerie –, ainsi que des confitures et de la charcuterie. Il y avait pire.

Nous marchions ensemble dans l'allée, mon ami Dieter et moi, parlant de nourriture et partageant les derniers ragots. Je pouvais vraiment dire de lui que c'était un ami, même s'il n'y avait probablement pas de véritable amitié en prison. Nous parlions donc, lorsqu'un gardien s'approcha de nous en m'interpellant : « Willi, tu as du courrier ! Et ça a l'air important ! »

Je crus que j'allais chavirer. Je marquai un arrêt. Je redoutais ce jour depuis des semaines. Dieter, surpris par mon arrêt brusque, se retourna et me regarda d'un air interrogateur : « Tu attends quelque chose d'important ? »

« Moi ? Non ! » Je mentais, mais quand j'essayai de mettre un pied devant l'autre, mes jambes ne voulurent plus m'obéir. Je me sentis soudain très lourd. J'avais l'impression d'être dans de la boue ou de pédaler dans la choucroute. Non pas que j'aie déjà eu cette sensation, mais je crois que ça y ressemblait. Je ne percevais presque plus mon environnement, tout se passait au ralenti, chaque centimètre en avant était comme un semi-marathon. Dieter avait repris le bavardage, signe que ma « choucroute » ne se remarquait pas. Mais moi, à l'intérieur, j'étais complètement agité.

Il y avait exactement six semaines que j'avais jeté ma lettre au Procureur dans la boîte aux lettres de la prison, la fameuse lettre que je n'avais pas réussi à repêcher. Je savais que le courrier qui était sur mon bureau allait décider de mon sort. Le premier regard serait crucial. Parce que c'était clair : si c'était la fine enveloppe grise que les bureaux de poste emploient couramment, alors tout irait bien. Un miracle se serait produit, et ma lettre ne serait pas arrivée à destination. À l'inverse, si c'était une épaisse enveloppe bleue avec de nombreuses feuilles, ce n'était pas une bonne nouvelle. Le bleu était la couleur du courrier du Tribunal.

Le bout du couloir approchait lentement. Dieter parlait d'un tournoi de tennis de table qui allait avoir lieu à la prison, et il s'attendait probablement à ce que je m'en réjouisse. Mais j'étais tendu comme un arc et incapable de tout autre émotion que la crainte du moment où j'allais ouvrir la porte de ma cellule. Mon regard se poserait sur la table. La lettre serait là. Le n° 116 se rapprocha. Encore trois portes, deux, une... Dieter m'avait salué en me tapotant l'épaule et il avait disparu du côté opposé. Je me tenais devant la porte de ma cellule, incapable de faire un mouvement. Je dus rester là sans doute pendant de longues minutes, à regarder bêtement les trois chiffres en lettres blanches du numéro de ma cellule. Puis je repris courage, je tournai la poignée et ouvris la porte.

Prison de Bruchsal, 1983

En six ans, j'ai fumé tout l'Ancien Testament dans ma cellule de Bruchsal. Et j'ai lu attentivement chacune des pages, parfois plusieurs fois, avant de la plier et d'en faire mon papier à cigarettes. La plupart des paroles m'ont laissé froid, certaines m'ont secoué, d'autres m'ont mis en colère. Mais certaines choses m'ont frappé. Dans le Psaume 104 (18-20), je lus :

> « *On lui met aux pieds des entraves, on lui passe des fers au cou ; il souffrait pour la parole du Seigneur, jusqu'au jour où s'accomplit sa prédiction. Le roi ordonne qu'il soit relâché, le maître des peuples, qu'il soit libéré.* »

Quelqu'un s'était trouvé dans la même situation que moi et Dieu avait pris soin de lui !

Mais, pour le reste, je n'avais que du mépris. Surtout, Jésus – qui ne s'était même pas montré dans les pages précédentes – était comme la *muleta* du matador pour moi. J'avais eu ma première et dernière rencontre avec lui dans la petite ville de Zavelstein quand j'avais 6 ou 7 ans. Là, on organisait chaque année un grand camp d'été avec environ deux cents enfants. Les filles vivaient dans de simples huttes en bois, les garçons étaient logés un peu plus haut dans la montagne, sous des tentes. Gertrud Wasserzug, une femme âgée, le dos voûté avec une canne et un long nez, était la chef du camp. Elle disait toujours : « Jésus aime tous les enfants ! »

Cela avait touché quelque chose en moi. Je ne me sentais pas comme quelqu'un d'aimable ! Ma mère m'avait abandonné, mon père m'avait frappé, tous les autres m'évitaient.

Mais il y en avait donc un qui m'aimait : Jésus ! Je le voulais moi aussi, ce Jésus. Avec l'aide de Frau Wasserzug, je mis ma vie entre les mains de Jésus. Elle me donna une Bible et je passai une bonne deuxième semaine en camp d'été. Je ne connaissais pas ce sentiment, mais j'étais carrément inspiré. En rentrant, j'avais dit avec enthousiasme à mon père et à ma belle-mère : « J'ai donné ma vie à Jésus ! » Mes yeux d'enfants rayonnaient vers eux deux, mais ils n'avaient que des regards froids pour moi. Ils en avaient probablement déjà trop vu avec moi ? Leur espoir était si faible, Jésus lui-même ne pourrait jamais me changer. Ma belle-mère dit alors ce qui lui venait dans le cœur : « Tu es comme ta mère. Ç'eût été mieux qu'à l'époque, tu aies crevé dans le fossé ! »

Aujourd'hui, je sais qu'elle méprisait profondément ma mère, pour diverses raisons, mais surtout, parce qu'elle avait abandonné son bébé. De plus, mon père et ma belle-mère étaient tellement déçus de moi qu'ils avaient perdu toute foi en un changement possible de mon comportement.

« C'eût été mieux qu'à l'époque, tu aies crevé dans le fossé… » Cette phrase, c'était comme si Jésus lui-même me l'avait crachée au visage. Il m'aimait donc si peu qu'il avait laissé ma belle-mère me dire ça ? Tout cela n'était donc qu'un mensonge ! J'en avais fini avec ce Jésus. Aujourd'hui, je crois profondément que ma conversion, quand j'étais enfant, était réelle. Mais ma relation avec Jésus fut très courte, elle ne dura qu'une semaine.

Prison de Bruchsal, 1984

Je fixai la lettre sur la table de ma cellule pendant environ une heure. Une heure sans pouvoir la toucher et encore moins l'ouvrir. Pendant une heure, elle resta là, immobile. Si elle avait bougé et s'était levée lentement, si elle m'avait fait un clin d'œil et s'était enfuie sur ses petits pieds en papier, j'aurais été plus heureux que surpris. Alors, au moins, il eût été clair que tout cela n'était qu'un mauvais rêve, un cauchemar dont j'allais très vite me réveiller. Tout serait redevenu comme avant. J'aurais l'espoir que cela finisse bien, l'espoir de découvrir une fine enveloppe grise. L'espoir d'une date de sortie.

Mais la lettre était toujours à sa place. La lettre était toujours aussi épaisse. La lettre était toujours bleue.

Prison de Bruchsal, 1983

Accompagné de deux gardiens, je traversais un long souterrain. Des deux côtés, des murs gris et lisses. Ce chemin me menait à mon nouveau travail. Des néons, placés à quelques mètres de distance les uns des autres, s'efforçaient d'y mettre un peu de lumière. J'étais à Bruchsal depuis quatre ans. Un enseignement à distance m'avait permis d'obtenir le diplôme d'études secondaires et aussi de terminer mon apprentissage de la reliure. Nous réparions des livres abîmés. Ceux des employés de la prison, ceux de la bibliothèque de la prison ou encore les livres de chants appartenant aux prêtres de l'établissement.

J'étais autorisé maintenant, officiellement, à travailler. Chaque jour ouvrable entre 8 heures et 17 heures, je travaillais à la vannerie, avec une heure de pause pour le déjeuner. J'y cousais des tentes, c'était là mon travail.

Le couloir touchait à sa fin. Nous nous arrêtâmes devant une grande porte à barreaux. On me fouilla et on me donna ensuite une carte d'identité. Un gardien me montra comment je pouvais faire fonctionner la pointeuse accrochée au mur. Lorsque la carte fut insérée, un déclic se fit entendre à l'intérieur de l'appareil. Le son de cette pointeuse allait désormais devenir mon compagnon quotidien. La porte en treillis glissa sur le côté, nous avons continué notre marche le long du couloir en montant une courte volée d'escaliers. Sur la dernière marche, je fus émerveillé. Devant moi s'ouvrait un immense hall. Je supposai que je n'étais plus dans le bâtiment principal en forme d'étoile. À gauche, un espace en verre couvrait tout le mur, derrière lequel deux agents surveillaient tout ce qui se passait dans le hall. Directement devant la vitrine, plusieurs prisonniers tissaient des chaises avec de longues fibres d'osier.

Certaines de ces chaises avaient des motifs élaborés. Je fus impressionné. Ce n'était cependant pas ma place, car il fallait travailler avec des couteaux tranchants, et je n'avais aucune autorisation pour cela.

Un peu plus loin se trouvaient trois machines plus petites. Là, des prisonniers mettaient des extrémités de câbles à nu pour les souder ensemble. À leur gauche, on voyait une grande caisse avec de vieux câbles, à droite les câbles finis ; derrière eux s'entassait une montagne d'anciens isolants.

Les vanniers étaient également au travail. À partir de fines tiges, ils façonnaient habilement des paniers ronds et carrés de toutes tailles avec des poignées robustes sur les côtés, afin que leur contenu se transporte aisément. Leurs mains travaillaient si vite et si bien sur leur œuvre qu'il ne devait pas s'agir de débutants. Mon lieu de travail était à quelques mètres. Trois énormes machines à coudre industrielles trônaient au milieu de la salle. Autour d'elles, sur de longues étagères, étaient rangées des bandes de tissu, soigneusement pliées. Au bord de l'étagère, une tente déjà cousue était érigée. Les tentes terminées étaient destinées à la société « Strohmeyer » à Constance. Quelques prisonniers me montrèrent comment faire fonctionner la machine à coudre et comment coudre ensemble de grandes longueurs de tissu. Pour finir, nous devions bien attacher les tentes. Trois tentes par jour était le quota exigé, j'en faisais souvent quatre.

Je gagnais 63 pfennigs de l'heure, dont je mettais une partie de côté, en guise de réserve pour ma libération. Au bout du mois, j'avais environ 70 DM[16] disponibles, que j'étais libre

---

16. NdT : environ 35 €.

d'utiliser pour m'acheter du tabac, du papier à cigarettes et des articles de toilette au magasin de la prison.

Mais je me demandais si j'arriverais un jour à utiliser cette réserve pour une potentielle libération. À ce propos, pour que nous ne nourrissions pas trop d'espoir, nous devions acheter – avec notre première paie – notre cercueil. Cela s'appliquait aux détenus à long terme et, de toute façon, à ceux tenus en garde à vue. C'était bizarre de devoir choisir parmi les différents modèles représentés sur un dépliant. J'avais pris le moins cher. Qu'avais-je à faire d'un cercueil orné, une fois mort ? J'avais mieux à faire avec mon argent, ici et maintenant.

Le travail me distrayait ! C'était sympa de ne plus travailler avec sa tête comme lorsque j'étudiais pour le certificat de fin d'études secondaires. Parce que, enfant, je fréquentais l'école trop irrégulièrement, je continuais à avoir du mal avec la lecture et encore plus avec l'écriture. Mais je m'étais accroché, j'avais réussi et obtenu une note dont j'étais vraiment fier. L'apprentissage en tant que relieur était davantage une expérience pratique, mais il y avait aussi pas mal à bosser de la tête. Maintenant, je pouvais enfin faire quelque chose de mes mains sans trop devoir réfléchir. Je pouvais laisser vagabonder mon esprit et, notamment, rêver d'une évasion pour laquelle je concevais les plans les plus audacieux.

Il m'est arrivé d'avaler un couteau, une fourchette et une cuillère. Je savais qu'une fois ce type d'objets avalés, on ne nous mettait pas à l'infirmerie de l'établissement, mais à l'hôpital d'en face, où je supposais qu'on m'ouvrirait l'estomac afin de les en extraire. Mon plan était que, lorsque la blessure serait en voie de guérison, je maîtriserais le garde et je m'enfuirais. Mais, au lieu de m'opérer, on me donna des tonnes de choucroute à manger. La choucroute devait envelopper et rendre inoffensifs les objets avalés. Au lieu d'avoir une occasion de fuite, cela me renvoya dans ma cellule. Au bout de quelques jours, j'avais évacué – un à un – les couverts par voie naturelle. Cette tentative d'évasion ne fut pas seulement un échec, mais aussi une expérience très inconfortable.

Une autre fois, nous avons voulu nous enfuir à trois. Tout était parfaitement planifié : l'un de nous travaillait à la couture, l'autre à la serrurerie et moi, le troisième larron, j'avais fait un stage en pâtisserie, abandonné pour raison d'allergie à la farine. Grâce à cette expérience, je réussis à bricoler des revolvers en pâte dans un coin éloigné, et à les cuire sans être repéré. Une fois peints en noir avec de l'encre de Chine, ils ressemblaient à de vraies armes. Le copain de l'atelier de couture avait transformé de vieilles couvertures en uniformes qui ressemblaient beaucoup à ceux de nos gardiens. Celui de la serrurerie avait copié les clés des portes communicantes. Rien ne pouvait rater. C'est ainsi que tout se déroula, les clés s'adaptèrent, les uniformes et les revolvers semblaient si réels de loin que personne ne les soupçonna. Et dans le crépuscule, nous pûmes quitter l'immeuble sans être inquiétés et continuer notre route d'évasion sur le terrain de sport qui s'étendait jusqu'au mur de la prison.

Seule une clôture avec des fils de fer barbelé nous séparait de la liberté tant attendue. Nous avons jeté des couvertures sur les barbelés et grimpé sur le grillage de fer. Quand je fus au sommet, il faisait clair comme en plein jour et c'est à ce moment-là que les sirènes retentirent. Nous fûmes embarqués. Une patiente de l'hôpital d'en face nous avait observés depuis le balcon de sa chambre et avait appelé la police pour demander : « Avez-vous de nouveau un exercice spécial ? Parce qu'en ce moment, il y a trois gardiens qui grimpent par-dessus la clôture ! »

Je ne sais pas combien de fois et combien de temps j'ai réitéré ces expériences qui me conduisaient au cachot, j'ai l'impression d'avoir essayé au moins cent fois et d'y être allé chaque semaine. Mais, tout comme la cave à charbon dans la maison parentale, c'était moins une punition qu'un lieu de refuge pour moi, le cachot n'étant pas non plus un endroit que je détestais. J'y appréciais la paix et la tranquillité, la réflexion, mon tabac – et, de plus en plus, la lecture de la Bible.

Prison de Bruchsal, 1984

Il restait deux paquets de tabac, Dieu merci. Les mains tremblantes, j'attrapai l'un d'eux et le sortis de son emballage. Ce
faisant, mes yeux tombèrent sur l'enveloppe bleue que j'avais
coincée entre les paquets de tabac, trois ou quatre semaines
auparavant. L'enveloppe attendait patiemment d'être enfin
ouverte. Je savais que retarder la vérité n'arrangeait rien. Mais
peut-être serait-elle plus supportable ? Je pris l'enveloppe, la
posai sur la table et m'assis sur le bord. Je regardai l'enveloppe.
Elle n'allait pas s'enfuir. Mais moi non plus, je ne devais plus
fuir. Je devais affronter la vérité et me préparer à affronter
la suite, un nouveau procès et des années de prison supplémentaires. Mais c'était l'heure de savoir à quoi précisément je
devais m'attendre.

Je pris la lettre, déchirai l'enveloppe et en sortis une épaisse
liasse de papiers. « Acte d'accusation » était écrit en gros carac-
tères sur la première page. Je le savais. Je feuilletai un instant
les innombrables pages, lus les charges et additionnai menta-
lement les peines demandées par le Procureur : six mois, cinq
ans, trois mois, deux ans… cent charges au total. À la fin,
un chiffre me trottait dans la tête : cent trente ans. C'était la
somme que j'avais calculée. J'eus un rire forcé ! Cent trente ans
– alors là, je dépassais facilement le barbu rencontré lors de
mon premier jour à Bruchsal. Bien sûr, je savais qu'on n'allait
pas faire la somme des pénalités individuelles, mais qu'on allait
plutôt les regrouper en une somme nettement plus réduite. Ma
peine s'orientait plutôt sur la peine individuelle la plus longue
que sur la somme de mes délits. Néanmoins, cela signifiait
encore de nombreuses années en prison.

«Pourquoi, mon Dieu, mais pourquoi?» Je mis la lettre de côté. Tenant ma tête entre les mains, je me balançais d'avant en arrière. «Pourquoi m'as-tu demandé d'envoyer cette lettre stupide? demandai-je à voix haute. Se peut-il vraiment que tu me demandes une telle chose?»

Je savais que Dieu ne veut pas que nous empruntions la voie facile pour en quelque sorte éponger nos erreurs n'importe comment. Il veut que nous marchions sur le droit chemin, dans la vérité, l'honnêteté et la sincérité. Même si ça fait mal. Mais comme ça fait mal! Ma clause de peine de sûreté avait déjà été levée. Le directeur de la prison, M. Preusker, avait personnellement plaidé pour moi devant la chambre d'application des peines. Il avait remarqué le changement advenu chez moi après ce qui m'était arrivé l'année dernière. Au début, il était méfiant. Il savait que je simulais bien. A priori, il pensait sans doute: «Willi nous prépare quelque chose.»

Mais je n'avais rien prévu, rien préparé. J'avais vraiment changé. Depuis plus d'un an, je n'avais plus été impliqué dans aucune bagarre. Je n'avais plus jeté de nourriture sur les agents, je n'avais plus insulté personne, je n'étais plus constamment agressif... Au contraire, j'étais serviable et amical, et j'avais même réglé quelques disputes entre d'autres prisonniers. Plusieurs fois, M. Preusker m'avait emmené dans son bureau pour me parler. Le changement était réel, il l'avait enfin compris et cru. L'assistante sociale, Mme Bockstaller, le lui avait également confirmé. Depuis lors, j'assistai avec elle au groupe de discussion sur la Bible qu'elle animait chaque semaine dans l'institution. Tout le monde était étonné. Probablement surtout en voyant à quel point j'avais changé depuis que j'étais tombé sur cette seule phrase dans ma cellule de prison en septembre 1983, et qui m'avait boosté.

Prison de Bruchsal, septembre 1983

La journée était froide et humide, et le froid traversait les pavés épais des murs, malgré le chauffage. J'avais l'impression de ressentir le froid du dehors et davantage encore celui à l'intérieur de moi-même. Cela faisait presque trois semaines que j'étais au cachot. Le repas de midi était terminé. Avec, à mes côtés, un récipient en étain contenant les restes d'un gratin de pâtes, je m'étais assis sur mon lit. Cette vaisselle sale ne serait pas reprise avant ce soir par le prisonnier de service qui apporterait le souper.

> *« Heureux ceux qui souffrent ; car ils seront consolés. Heureux les doux ; car ils posséderont la terre. »*

C'était la troisième fois que je lisais ces lignes[17].

> *« Heureux ceux qui ont faim et soif de justice ; car ils seront rassasiés. […] Heureux les miséricordieux ; car ils recevront miséricorde. Heureux les artisans de paix ; car ils seront appelés enfants de Dieu. »*

Faire la paix. Je n'avais certainement jamais fait ça. Pourtant, j'aspirais à la paix tout au fond de moi. Lorsque j'avais été arrêté à Hambourg, j'avais ressenti un bref sentiment de paix. Mon évasion avait échoué et je ne pouvais plus me cacher. J'avais fui toute ma vie ; maintenant, ma vie allait changer, et radicalement. Je n'étais pas content d'aller en prison. Mais c'était aussi un peu comme la fin d'un long et fatigant voyage. J'étais enfin arrivé. Du moins, pour le moment.

Mais ce sentiment ne dura pas. D'une certaine manière, la vie en prison était dure et changeante. La prison est un lieu sûr, mais pas un endroit sûr. En prison, tu ne peux jamais

---

17. Mt 5, 4-11.

compter sur le maintien de ton statut au sein de la hiérarchie. Le rapport de forces entre les détenus est très fragile. À tout moment, quelqu'un peut être encore plus rusé que moi, plus brutal, plus méchant, et me pousser ainsi hors de mon statut acquis de prisonnier. Je ne me sentais pas libre d'agir, je devais toujours être sur mes gardes.

> *« Heureux ceux qui sont persécutés à cause de la justice ; car le royaume des cieux est à eux. Vous êtes bénis si on vous insulte et persécute à cause de moi et qu'on dit toutes sortes de mensonges contre vous... »*

Mensonges ? Non, les autres ne pensent certainement pas à ça quand ils parlent mal de moi. J'étais mauvais, je n'avais pas beaucoup de bonnes choses à montrer. Pourquoi d'ailleurs ? Être quelqu'un de bien ou faire quelque chose de bien, cela ne comptait pas en prison. Ce qui importait était d'être dur et froid. C'était le seul moyen de s'affirmer et de ne pas se faire tabasser par des types comme... moi. Comme moi ? Je me mis à réfléchir. Un froid me traversa, qui ne venait pas du mur contre lequel j'étais appuyé. Je frissonnai de l'intérieur. « Des types comme moi » : les mots résonnaient dans ma tête. Soudain, je réalisai quelque chose. Quelque chose que je savais déjà, mais dont je n'avais jamais pris clairement conscience auparavant. C'était comme si je sortais un peu de moi-même pour me voir en face. Je me regardai alors de plus près : ici et maintenant, j'étais assis sur ce lit, dans ce cachot et ce sous-sol de la prison de Bruchsal, fixant le livre que j'avais en main.

« Pour un type comme toi, Willi ! me dis-je, moitié avec reproche, moitié en me moquant de moi-même. Tu n'es pas avant tout la victime, tu es le coupable, Willi ! Tu fais partie de ces gens qui font peur et qui font que tout le monde ici pense qu'il doit être encore plus dur et plus méchant que toi pour pouvoir te tenir tête. »

« Mais que dois-je faire ? me dis-je avec colère. Si je ne suis pas le plus fort, alors je serai toujours celui qui riposte. Cela a toujours fonctionné ainsi. J'ai frappé, j'ai provoqué. Et cela a permis que les gens me respectent ! »

« Respect ? me moquai-je. Ils ont peur de toi ! Personne ne te respecte et personne ne t'aime. Personne ne veut probablement être comme toi, sauf s'il pense, lui aussi, que c'est la seule façon de tenir tête à autrui. »

« J'ai toujours eu gain de cause ! hurlai-je. Personne ne peut rien contre moi ! » Mon visage était déformé par la colère. « Je suis bon dans tout ce que je fais ! Ce que je fais, je le fais bien. Et je vais m'en sortir ! »

Mon regard erra de mon visage en colère à la Bible, toujours ouverte sur mes genoux. Il tomba sur la phrase suivante :

> « *Vous êtes le sel de la terre. Mais si le sel devient fade, comment lui rendre de la saveur ? Il ne vaut plus rien : on le jette dehors et il est piétiné par les gens*[18]. »

Quelque chose dans ces phrases toucha profondément mon cœur. J'étais énervé. Involontairement, je me regardai de l'extérieur.

« C'est exactement ce que tu es : inutile ! me dis-je sèchement. Regarde-toi ! Ils t'ont jeté en prison et même dans ce trou. Ils veulent se débarrasser de toi. Les gens te piétinent, mais toi tu ne t'en rends pas même compte ! »

Je criai : « Mais je ne suis pas du sel ! »

J'étais vraiment en colère contre… contre moi-même maintenant. Je tremblais et je serrais les poings, assis sur le lit.

---

18. Mt 5, 13.

Je fermai les yeux, mes épaules s'affaissèrent. C'était la vérité. Je n'étais utile à rien. Si j'étais du sel, ce serait un sel fade et impropre à la consommation. Je ne pouvais qu'effrayer les gens – mais à qui cela avait-il profité? Même pas à moi, puisque j'étais isolé et que je n'avais pas d'amis. Ceux qui prétendaient l'être le faisaient surtout parce qu'ils avaient peur de moi. Rien n'avait changé. Rien du tout. Je connaissais déjà les mots qui allaient suivre, même si j'avais les yeux fermés. Je venais de les lire plusieurs fois:

> *« Vous êtes la lumière du monde. Une ville située sur une montagne ne peut être cachée. Et l'on n'allume pas une lampe pour la mettre sous le boisseau; on la met sur le lampadaire, et elle brille pour tous ceux qui sont dans la maison. »*

Je n'étais rien de tout ça. On ne pouvait pas se réchauffer avec moi. Je ne servais même pas à être répandu comme du sel, pour ne pas glisser et tomber sur la route en hiver. Celui qui avait affaire à moi était au contraire en danger de tomber – et parfois même pour ne plus se relever. Je n'étais pas doué pour être sel ni lumière. L'obscurité, le noir profond, régnait autour de moi comme à l'intérieur de moi.

« Et s'il avait un plan? » m'entendis-je dire.

« Un plan? » Je souris en retour. « Comme mon père qui n'a cessé d'échouer? Quel plan est-ce donc censé être? »

« Je ne sais pas, mais tout le monde dit toujours que Dieu est amour. Donc le plan doit être bon, s'il en a un, non? »

« Peut-être. Oui, peut-être. »

Rouvrant les yeux, je me regardai durant quelques minutes.

« Mais comment suis-je censé m'intégrer dans un bon plan? Je ne suis pas bon! Pour cela, je devrais d'abord complètement changer, être tout différent. Cela, je ne le peux pas et je ne le veux pas! Je n'en ai même pas envie. »

« Et si tu essayais ? »

« Comment ? »

« Aucune idée. C'est son plan, pas le mien. »

Je me mis en colère et me redressai d'un coup.

« Alors, vas-y ! » criai-je. Tout à coup, ce n'était plus moi-même le destinataire de mes paroles, mais Dieu, ce Dieu qui n'existait pas, mais que je voulais interpeler. Je fixai l'espace vide de la pièce d'où j'avais entendu mes paroles résonner comme en écho.

Je m'assis, serrant contre moi la Bible en lambeaux, dont la plupart des pages avaient disparu depuis longtemps. « Aaaah ! » hurlai-je. J'étais debout au milieu du cachot, et je m'en fichais. De toute façon, personne n'était là pour m'entendre. « Dieu – mes mots semblaient provocants – tu n'existes pas, je le sais, mais si tu existais, quel serait alors ton plan si grandiose, hein ? Ce va-et-vient de m… ici – regarde donc ! Je suis en taule, c'est un plan, ça ? » Mon cœur battait à tout rompre. « Mon père a dit que tu étais un Dieu d'amour – mais où était ton amour pour moi depuis le début ? Mon père ne m'aimait pas ! Personne d'autre non plus. » J'avais levé le bras et la Bible, comme si je menaçais Dieu avec. « Je n'ai même pas trente ans et tu veux vraiment que je crève ici dans cette taule ? » Le cercueil que j'avais choisi pour être enseveli apparut devant mes yeux. Après ma mort, je ne serai pas plus d'utilité que de mon vivant. Dans ma f… vie, il devait quand même y avoir autre chose ! Cela ne pouvait pas en être autrement ! Mais où était ce bon plan du Seigneur ?

« Mon père a toujours dit que tu peux changer les gens », ajoutai-je doucement. Surpris moi-même de cette soudaine douceur, j'entendis tout aussi soudainement, venant de je ne sais où : « Sans moi, vous ne pouvez rien faire, vous ne pouvez pas vous changer vous-mêmes. Mais avec moi, oui.

Le veux-tu ? » Je serrais douloureusement les poings, comme un boxeur au bord du ring, et la colère monta à nouveau en moi. « Ok, Seigneur, vas-y, essaie ! Tu verras que ça ne marche pas avec moi ! Je ne me laisse pas changer ! Je suis noir et je ne veux pas être blanc ! » Les mots résonnèrent dans la pièce et, fatigué, je me laissai tomber sur le lit.

« Essaie, Seigneur ! murmurai-je faiblement. Et si vraiment tu arrives à me changer, on verra pour la suite ! »

Ce furent mes dernières paroles ce jour-là. Je regardai la petite fenêtre à barreaux ; dehors, je vis passer les nuages, imaginant ce que ce serait qu'être libre. Libéré et aimé. J'avais un peu peur de mes propres pensées.

Prison de Bruchsal, septembre 1984

Pendant six semaines, je ne parlai à personne de cette lettre – hormis au pasteur. Je pouvais me taire et je l'ai fait. Pourquoi me serais-je fait, volontairement, la risée de toute la prison ? Mais, d'une manière ou d'une autre, tout le monde finirait par le savoir… au plus tard le jour où l'on me verrait de nouveau, menotté, à mon nouveau procès. Ce jour approchait inexorablement. Il était programmé, mais je ne savais pas pour quand. En survolant la lettre officielle que j'avais reçue, je n'y avais pas prêté attention. Avec crainte, j'attendais donc le procès annoncé pour lequel, au moment voulu, des gardes viendraient m'emmener. Après ce procès, en attendant mon lieu définitif d'emprisonnement, j'irais probablement passer quelques semaines à la prison d'Ulm.

Où irais-je après ? Ici, peut-être, où je récupérerais ma cellule 116 ? Je laissai mon regard glisser sur les murs. Au-dessus du lit, j'avais dessiné une belle femme nue qu'un homme prenait par-derrière. À côté d'elle, j'avais écrit de belle manière : « Je crois davantage à l'innocence de cette femme qu'à la justice de ce monde. » Je dois avoir hérité quelque chose de la tendance artistique de mon père. De nombreux autres dictons et dessins ornaient encore mes murs. J'étais enfermé dans cette cellule, bien sûr, mais, au fil des années, c'était devenu mon « chez moi ». Je m'y sentais en sécurité, c'était mon refuge dans ce bâtiment, sinon plutôt inhospitalier.

Je commençai à m'agiter. J'avais besoin de savoir quand mon tour viendrait et quand le procès aurait lieu. J'allai à l'armoire, sortis l'enveloppe de l'emballage avec le tabac. Sur la page déchirée, le papier gris dépassait de l'enveloppe

déchiquetée pour m'annoncer un malheur : cent trente ans...
Je soupesai l'enveloppe comme pour évaluer le poids de ma
culpabilité.

Cent crimes, cent trente ans, sur vingt pages grises.

Je stoppai net. Sur un côté de la lettre, il y avait du blanc.
L'une des feuilles était blanche ! Je n'avais pas remarqué
ça auparavant. Pourquoi l'une des feuilles était-elle d'une
couleur différente ? Je passai mon doigt dessus comme si cela
me donnait la réponse. Lentement, centimètre par centimètre, je sortis la feuille blanche. Sur l'entête de la lettre,
venant du Procureur de la République Fédérale d'Allemagne,
il y avait mon adresse en prison, puis le sujet de la lettre :
« Détermination de votre peine, en vertu de l'article 154 du
Code de procédure pénale » et, à droite, la date d'il y a déjà
quelques semaines. Je repris mon souffle.

La ligne suivante se déplaça lentement sur le bord de l'enveloppe. Complètement stupéfait, je lus ces mots : « Cher frère
Buntz ! »

Prison de Bruchsal, avril 1984

« Hé, Willi, dis, t'es malade ? » De son large poing, Dieter me frappait l'épaule ; je faillis en perdre l'équilibre. Et du grand gobelet que je tenais en main, le café courait dangereusement le risque de se renverser. « Qu'est-ce qui t'arrive ? » poursuivit-il, impassible. Irrité, je le regardai avec de grands yeux. Que devait-il donc se passer ? Je n'étais pas malade, je me sentais bien et mon dernier rhume était déjà bien loin.

Dieter remarqua mon irritation. « Je ne sais pas ce qui se passe, mais tu n'es plus le même », commença-t-il à m'expliquer. « À quand remonte ta dernière bagarre ? À quand remonte la dernière fois où tu as jeté de la nourriture sur un gardien ? À quand remonte ta dernière visite "en bas" ? »

« En bas », c'était le mot employé pour désigner le cachot, la cellule de ma résidence secondaire. C'est vrai, je n'y avais plus séjourné depuis pas mal de temps. La dernière fois, c'était – je calculai rapidement – c'était il y a six mois. Étrange, car d'habitude, j'en étais pratiquement un invité permanent, au moins une fois par mois. Que s'était-il passé ?

La Bible me revint en mémoire. Le texte sur le sel et la lumière. Mon dialogue avec moi-même, puis avec ce Dieu qui n'existait pas. D'accord, j'ai dit à Dieu qu'il devait essayer de me changer – mais, comme je me connais, je ne me laisserais pas faire. « On verra si tu arrives à me changer ! » Je regardai droit devant moi, passant en revue les derniers mois. Rien de spécial, tout s'était passé comme d'habitude, j'avais fait mon travail, j'avais vécu ma vie comme à l'habitude.

Rien d'extraordinaire ne s'était produit. C'était un fait : rien d'extraordinaire ne s'était passé ! Et c'était justement cela, l'extraordinaire ! Ce n'est que maintenant que je réalisais que je n'avais ressenti aucun besoin de frapper quelqu'un, aucune envie de me révolter contre quelque chose ou quelqu'un. Pourtant, ce besoin m'avait accompagné toute ma vie. Il était presque mon besoin essentiel, qui m'appartenait et me collait à la peau comme mes tatouages, comme toute mon histoire, une histoire unique, comme ce surnom, Blacky, qu'on me donnait à cause de mes cheveux noirs et de tout ce noir en moi. Mais je réalisai qu'à l'intérieur de moi, il y avait eu un changement : je ne me sentais plus si noir que ça. C'était sans doute imperceptible de l'extérieur, mais, à un moment précis, j'avais changé ! Après ce séjour au cachot ? Le même jour ? Je ne saurais le dire. Mais ce sentiment n'était pas désagréable, au contraire. La noirceur, les ressentiments, la haine… tout cela ne me manquait pas. C'était comme si j'étais en quelque sorte un nouveau Willi.

Je remarquai que Dieter me regardait avec un froncement de sourcils. Évidemment, je regardais bizarrement devant moi. Alors, je fis « marche arrière » et, en le regardant, lui, je lui pris le bras en le tirant sans douceur dans sa cellule et en fermant la porte ! D'une voix tremblante, je lui racontai alors cette journée mémorable au cachot, mon aventure avec la Bible, ma lecture de ladite Bible et mon dialogue avec ce Dieu imaginaire à qui j'avais lancé ce défi de me changer. Et j'ajoutai que, de plus, je ne me souciais pas du tout de l'absurdité de tout cela. Et si c'était vrai ? Si Dieu existait ? Et qu'il me changeait vraiment ?

Dieter était consterné : il n'était pas habitué à ce genre de discours de ma part. C'était mon ami, probablement le seul ici que je pouvais qualifier d'ami.

Mais, jusqu'à présent, il avait été l'ami du dur Blacky, qui tabassait tous ceux qui le contrariaient. Maintenant, il était assis en face de moi en m'entendant dire des sottises sur Dieu et son plan, et sur l'Amour. L'Amour ! Jusque-là, Blacky ne parlait que de « faire l'amour », mais jamais d'être aimé ni d'aimer.

« Et maintenant… » commença-t-il. Il s'interrompit. Je le regardai avec insistance, pétrifié de peur. Je connaissais des chrétiens ici en prison qui avaient été lamentablement battus et violés. Personne ne supportait les chrétiens. Ces misérables poules mouillées ! Nous, les gars vrais et durs, les trouvions aussi profondément mauvais que les gays et les transsexuels !

Et maintenant, soudainement, j'en étais devenu un moi-même ? Je me secouai, regardai Dieter, lui attrapai à nouveau le bras et mon regard devait le transpercer : « Je te préviens ! Un mot à qui que ce soit, une seule allusion que je suis chrétien et je te fracasserai le crâne ! » En parlant, je remarquai que je ne me sentais pas bien. Je n'arrivais pas à savoir exactement pourquoi. Bientôt, j'allais le découvrir. Mais Dieter était averti, il ne devait pas en dire un seul mot à quiconque. S'il le faisait, j'étais un homme mort. Dieter me jura alors haut et fort qu'il fermerait sa gueule.

J'allai dans ma cellule et, assis sur mon lit, je regardais le mur en réfléchissant. Dieu m'avait-il vraiment changé ? Y avait-il vraiment un Dieu ? Si oui, m'aimait-il vraiment, comme le disait Mme Wasserzug lors du camp d'été ? Et m'avait-il vraiment écouté et entendu quand je lui avais parlé ? Ce serait véritablement incroyable.

Je mis ma tête entre mes mains. Si c'était vrai, alors il y avait de l'espoir pour moi. Non pas que je pourrais sortir d'ici, mais que je pourrais changer ! Que je puisse vraiment devenir différent. Que je puisse être utile à quelque chose. Que je puisse être sel et lumière. C'était bizarre d'y penser, mais, en même temps, cela faisait du bien.

« Si tu existes vraiment, Dieu, dis-je au mur, alors fais de moi ce que tu veux ! Prends-moi et fais de moi quelqu'un de bien.

Quelqu'un qui ne veut aucun mal à autrui, mais, au contraire, qui ne veut que du bien. » Je frissonnais. Cette pensée était toute nouvelle pour moi. Et pourtant, j'avais ressenti le besoin de l'exprimer. C'était étrange, mais bon à dire, libérateur. J'étais un repris de la justice allemande, prisonnier dans l'établissement pénitencier de Bruchsal, occupant la cellule 116, mais, dans mon for intérieur, je me sentis plus libre que je ne l'avais jamais été.

Prison de Bruchsal, septembre 1984

« Cher frère Buntz ! » Je relisais ces lignes sur la partie blanche de la lettre du Procureur. Quelle salutation ! Jamais personne ne m'avait appelé frère Buntz. Pas même les groupes religieux qui m'avaient rendu visite après ma conversion (je ne savais même pas ce que cela voulait dire exactement, jusqu'à ce que l'un d'eux me félicitât pour ma « conversion »). À ce jour, je ne sais toujours pas comment cela s'est su à l'extérieur de la prison, mais mes soupçons se posaient sur Rolf Gauch, le gardien qui m'avait porté, bébé, dans ses bras. Il était lui-même chrétien et avait vu ce qui m'était arrivé. Il l'avait sûrement raconté à l'extérieur et j'étais ainsi rapidement devenu une petite célébrité dans les cercles chrétiens.

« Cher frère Buntz ! » Je pris la page blanche pour continuer ma lecture :

> « Merci pour votre lettre et vos aveux. En fait, je me souviens bien de vous. En tant qu'accusé, vous étiez une vraie insulte. Le procès a été une torture pour moi. Tous ces témoins et votre comportement impossible. J'ai été d'autant plus heureux de lire que vous aviez changé de tout votre cœur et que vous menez maintenant votre vie avec Dieu. Vous devez le savoir, étant moi-même chrétien, mon cœur s'en est réjoui. Cependant, en tant que Procureur de la République, ce qui compte, ce n'est pas ce que dit mon cœur, mais ce que dit la loi. J'ai travaillé sur vos aveux, je les ai transférés dans l'acte d'accusation ci-joint et je les ai mis en balance avec la peine déjà existante. Comme vous pouvez le voir sur l'acte d'accusation, la sévérité de la peine prévue n'est pas proportionnelle à la peine purgée. Conformément à l'article 154 du Code de procédure pénale, je renonce donc à lancer des poursuites et à toute mise en accusation sur les points que vous avez

soulevés. Je vous souhaite tout ce qu'il y a de meilleur, ainsi que les riches bénédictions de Dieu pour votre libération le 15 février 1985 ! »

Mes mains tremblaient. Étais-je libre ? Il n'y aurait pas d'autres poursuites judiciaires ? Pas d'autres années de prison ? Et cela, même en étant honnête avec toute la somme des délits commis ? Ou justement parce que j'avais été honnête ?

Je laissai tomber le papier. J'avais fait ce qu'il fallait faire et j'avais tout avoué, toute ma culpabilité. J'avais fait table rase. « *Si nous reconnaissons nos péchés, lui qui est fidèle et juste va jusqu'à pardonner nos péchés*[19] » – cette Parole s'accomplissait dans ce petit morceau de papier blanc. Waouh ! j'avais mis la main dans la prise de courant, j'avais été « électrisé par Dieu », mais même pas mal, au contraire ! Mes doutes de ces six derniers mois s'effacèrent d'un seul coup. Comment avais-je pu douter de mon chemin ? Comment avais-je pu douter que le droit chemin était le bon ? La voie de la vérité ? La voie de la réconciliation ? Je savais que si je poursuivais dans cette voie, plus rien ne pourrait m'arriver. J'aurais à nouveau un but devant les yeux. Je pensai aux policiers autrichiens dont j'avais détruit la vie. Je pensai aux nombreuses personnes que j'avais volées et à qui j'avais menti. Je pensai à Anna. Une fois sorti d'ici, je savais ce que j'allais faire : table rase. J'avais un objectif. J'en fus comme boosté, électrisé. En avant !

---

19. 1 Jn 1, 9.

6

RÉCONCILIATION

Une fois ma libération annoncée et mon projet de remettre de l'ordre dans ma vie décidé, les derniers mois de prison passèrent bien vite. Lentement, on me préparait pour le temps «à l'extérieur». J'envoyai ma candidature pour un emploi et, à ma grande joie, j'obtins un poste de balayeur dans l'entreprise Klenk à Haiterbach. Le fait que la nouvelle de ma conversion ait circulé dans les cercles chrétiens m'a certainement aidé.

Un événement spécial se produisit lors de ma première journée dehors, sous la surveillance d'un tuteur. En effet, j'avais été autorisé à quitter la prison pendant toute une journée. En prison, j'avais depuis bien longtemps déjà une accompagnatrice et cela, bien avant ma conversion. Elle-même était chrétienne et était plus qu'heureuse de constater mon changement. Lorsque je lui parlai de ma demande d'autorisation de sortie avec escorte, en lui disant que cette demande avait été approuvée, elle accepta, immédiatement, d'être mon escorte officielle.

Quitter pour la première fois, après tant d'années, les murs de la prison sans menottes ni escorte armée fut pour moi comme entrer dans un autre monde. J'avais l'impression que tout avait changé. Les voitures roulaient partout – l'ampleur de la circulation s'était multipliée depuis mes séjours à Ulm et Hambourg.

Il était tôt le matin et l'air était encore frais. Je n'avais pas l'habitude de sortir de ma cellule si tôt. Ma promenade dans la cour de la prison avait toujours lieu vers 11 heures. Nous commençâmes par entrer dans le grand magasin Schneider de Bruchsal pour y prendre le petit-déjeuner. On aurait dit un festin. Ensuite, nous allâmes avec la voiture de mon accompagnatrice au Monbachtal près de Bad Liebenzell. Je voulais voir la nature, sortir de la ville, voir le moins possible de murs et de briques, et sentir le soleil sur ma peau, écouter les oiseaux, profiter du grand air.

J'avais vu une guitare dans le coffre, aussi demandai-je à l'emporter avec nous. Ainsi, à un moment donné, nous nous sommes assis sur un banc au milieu de la verdure, entourés d'immenses arbres. Le soleil traversait leurs couronnes vertes avec une élégance romanesque. Mon père aurait immédiatement adoré peindre ce motif pittoresque. J'avais appris à pratiquer la guitare, aussi je jouai quelques-uns des vieux tubes chrétiens que j'avais appris dans ma jeunesse : *You let me go deep* de Siegfried Fietz ou *N'oubliez pas de remercier le Seigneur éternel*. Je sifflotais aussi, comme si je voulais rivaliser avec les oiseaux de la forêt.

Nous n'étions pas tout à fait seuls, les gens s'approchaient et nous faisaient, gentiment, signe. En retour, j'y répondais tout aussi gentiment avec un signe de tête joyeux. En prison, on voyait rarement des gens aussi heureux. Je commençais tout juste à gratter les cordes de la guitare quand je vis arriver, du coin de l'œil, une nouvelle « visite » : une famille. Mais il y eut quelque chose d'étrange. L'homme s'était arrêté brusquement et je sentais son regard fixé sur moi. Je levai les yeux, étonné, et cessai de jouer de la guitare. C'était un géant, plus de pattes que de mains, et un visage figé, glacé. Je connaissais cet homme. Mais d'où ? Lentement, il se remit en route pour marcher vers moi. Tout aussi lentement, je déposai la guitare. Bien que… je devrais peut-être la garder en main ? Une guitare peut être une bonne arme, je le savais par expérience. Je ne pouvais pas interpréter l'expression sur le visage de l'homme – quelque chose entre la surprise et la colère, mais aussi de l'étonnement.

Et, soudain, les écailles tombèrent de mes yeux.

Bien sûr que je connaissais cet homme, je l'avais vu lors de mon procès. Il s'agissait de Johannes Rath, directeur de la banque d'Erbach, l'un des témoins. J'étais entré par effraction dans sa maison et je l'avais vidée pendant qu'il était en vacances à Davos avec sa femme (parce que j'avais appris son absence par des tas de détours). Le voyant, mes muscles se tendirent, mon cœur battait la chamade, j'étais prêt à tout. Je me levai lentement. Horrifiée, mon accompagnatrice recula. L'homme était maintenant tout près de moi, mais l'expression de son visage était toujours indéchiffrable – une grimace, presque comme l'ébauche d'un sourire. Peut-être qu'il était heureux de pouvoir enfin se venger de moi personnellement ? Ses bras s'écartèrent et, involontairement, je me souvins de ce moment où mon père était venu me rendre visite à la prison en Autriche, les bras ouverts comme pour m'embrasser, puis il m'avait frappé comme on traite un chien. J'étais incapable de bouger. Mais je ne voulais pas me battre – cela faisait partie de ma vie passée, celle de l'ancien Blacky et de l'ancien Helme, mais pas de celui que j'étais désormais. Pourtant, devais-je me laisser tabasser ? Dans la Bible, j'avais lu que Jésus avait dit : « *Si quelqu'un te gifle sur la joue droite, tends-lui encore l'autre*[20]. » Était-ce le moment de tester ma foi et l'orientation de ma nouvelle vie ? Le moment où allait se vérifier si tout cela était authentique et si Dieu m'avait vraiment changé ? Ou si j'allais rester un escroc dans mon cœur ? L'homme se tenait maintenant devant moi, les bras toujours tendus et, tout à coup, je crus voir un mouvement de ses lèvres, jusqu'à présent serrées.

Sa grimace indéfinissable et effrayante se défit d'un seul coup et un rire large et amical, tout à fait inattendu, jaillit sur son visage. Avant que je ne puisse réagir, le géant m'embrassa en me serrant fort. Je réalisai qu'il ne voulait pas me tabasser – mais peut-être m'écraser ?

---

20. Mt 5, 39.

« Nom d'une pipe, mec, te voir ici et t'entendre chanter de telles chansons ! » J'entendis sa voix profonde et pénétrante dans mon oreille. J'étais perplexe. Durant cette étreinte, mon regard croisa celui de sa compagne, et je pus voir de l'étonnement dans ses yeux. Mais il y avait aussi comme un éclairage soudain d'une situation restée longtemps voilée. Ce devait être la femme de Rath. Je pris conscience qu'un large sourire s'étalait sur mon visage, et la femme y répondit par son sourire. Je n'étais pas en danger. J'étais ici avec des amis. Au milieu de ce bois. Bien qu'encore en prison, j'avais déjà aujourd'hui la chance de faire un premier pas dans mon effort pour mettre de l'ordre dans ma vie. Dieu m'avait servi, sur un plateau d'argent, cet homme qui fut l'une de mes premières victimes, pour que je puisse vivre, tout de suite, ma résolution, la réparation ! Cette prise de conscience me frappa brusquement : Dieu prend soin de moi. Dieu me prend au sérieux et veille sur toutes choses.

L'homme desserra son étreinte, tout en continuant de me tenir dans ses bras. Il me regarda en disant : « Des chants chrétiens ? Quelle joie ! Ça ne ressemble pas à l'homme du tribunal d'Ulm, ça ! »

Je me mis alors à leur raconter mon histoire, ce que j'avais vécu en prison, comment j'avais fumé et lu la Bible, et la façon dont, finalement, j'avais même testé Dieu. « Vous avez absolument raison : Dieu m'a changé ! dis-je. J'ai décidé de mettre de l'ordre dans ma vie et je vais commencer par vous, ici. » Je demandai pardon à Rath et à sa femme pour ce que je leur avais fait. Ils tombèrent spontanément à mon cou et me donnèrent eux aussi leur pardon.

« Pour nous, tout va bien, l'assurance a payé. Nous n'avons pas cessé de prier pour le jeune homme qui était entré chez nous par effraction et qui, plus tard, se trouvait assis, maussade et agressif, dans la salle d'audience. Et aujourd'hui, s'écria Rath, et son visage rayonnait de joie, nos prières sont exaucées ! »

« Oh, Helmi ! me dit encore sa femme dans son dialecte suisse. Nous sommes si heureux ! » En disant cela, elle me donnait mon nouveau nom, ou plutôt mon nouveau surnom : « Helmi » pour les cercles chrétiens. Nous nous sommes assis, et il s'avéra que Rath avait abandonné sa profession pour prendre la direction de la maison de convalescence *House of Salvation*, un institut chrétien à Schwarzenberg. Depuis qu'il avait échappé à la mort à 17 ans, lors d'un accident, il avait juré à Dieu de le servir. C'est au sommet de sa carrière en tant que directeur de banque qu'il avait enfin réalisé sa promesse. Nous parlâmes longtemps pour échanger des histoires, jusqu'à ce qu'on me fasse remarquer qu'il était temps de retourner à la prison. Arriver en retard après cette première journée de libération conditionnelle ne serait pas accepté par les autorités pénitentiaires. Nous nous levâmes pour prendre congé d'un cœur léger, et partîmes dans différentes directions. Mais nous savions que nous étions maintenant sur le même chemin, le chemin de la vérité, du pardon et de la réconciliation des cœurs. Le chemin de Jésus. Le soleil se couchait lentement sur la cime des arbres quand nous rangeâmes la guitare dans la voiture et reprîmes la route. Mon premier jour de liberté en plein air… et j'avais eu la chance de vivre ça.

J'étais encore sous la tension de ce qui venait de m'arriver. Ma voie était la bonne, je le savais depuis longtemps. Mais là, pour la première fois, j'avais vraiment constaté qu'elle pouvait être mise en pratique et que ça faisait du bien. Et que ce n'était pas si terrible de le faire. Dieu m'avait facilité la tâche, je devais l'admettre. Mais, pour moi, c'était comme un puissant vent arrière qui me donnait les moyens de bien m'en sortir.

En rentrant à la prison et dans ma cellule, j'avais de l'enthousiasme plein les yeux. Les autres disaient que j'étais fou. Ils étaient probablement jaloux des «drogues» que je prenais. Elles étaient aussi à leur disposition. Mes drogues s'appelaient Vérité, Pardon et Réconciliation, elles étaient vraiment addictives et me faisaient du bien. Ça pouvait continuer comme ça. Je ne restai pas longtemps éveillé ce soir-là : satisfait et en paix, je dormis comme un loir. Depuis des années, je n'avais plus dormi ainsi.

Ma nouvelle poursuite de la vérité ne fut pas exactement un chemin de facilité. Lorsque les gardiens comprirent que Willi était maintenant à même de dire la vérité, ils n'arrêtaient pas de me poser des questions sur des événements qui avaient eu lieu des années auparavant : «Étais-tu aussi coupable de ça ? Et de ça, Willi ?»

J'admis tout ce que j'avais fait. J'aurais dû purger un temps d'emprisonnement supplémentaire. Vraisemblablement, les gardiens voulaient me tester, parce qu'en réalité, ils n'avaient pas le droit d'alourdir ma condamnation. Mais je réussis à tenir le coup sans broncher. Et j'en étais content.

Bien sûr, j'emportais toujours une Bible dans le cachot – mais plus du tout pour en fumer les pages. J'étais allé chercher une nouvelle Bible chez le pasteur et, en chemin, il me fallut surmonter beaucoup de craintes pour la lire, en essayant de mettre, dès que possible, en pratique ce que j'avais lu. Ce livre était devenu pour moi le fondement de ma vie et je voulais en connaître le plus possible. Je n'en savais que très peu. Je n'étais même pas sûr que Dieu parlait vraiment par la Bible. Alors je conclus un marché avec Dieu : si la Bible était vraiment sa Parole, il devait m'ouvrir à son contenu pas toujours facile à comprendre. Je ne me souviens plus vraiment des mots utilisés à ce moment-là. Probablement pas les termes pieux que je ne connaissais pas encore, mais je reconnus la réponse de Dieu dans ce que cette lecture me procurait. Je la lus et tentai de l'appliquer – et cela me faisait du bien! Dans la Lettre aux Éphésiens[21], j'appris que nous devons mettre de côté le mensonge et dire la vérité – c'est ce que je faisais et je me sentais réellement bien. Au début, dire la vérité et avouer tout le mal que j'avais commis me demandait un réel effort, un dépassement. Cependant, plus je constatais de réponses positives, plus être vrai et honnête me donnait de la joie. Parfois, c'était même amusant de voir les réactions que ça déclenchait chez les autres.

Certaines choses prirent du temps. Après avoir lu la lettre de Paul à Timothée qui parle d'être témoin devant de nombreuses personnes[22], je priai Dieu: «Seigneur, mais moi je ne sais pas parler du tout!» Toute ma vie, j'avais bégayé quand il s'agissait de dire quelque chose d'important ou de parler devant une assemblée. Et, un jour, je pris conscience que mon bégaiement avait disparu. C'était parti comme ça, sans crier gare. Lorsque je fus libéré, j'étais devenu un homme heureux et joyeux, un jeune homme libre, à l'intérieur comme à l'extérieur, prêt à mettre de l'ordre dans sa vie et prêt à témoigner de la manière dont Dieu peut changer une vie.

En ce 15 février 1985, il était près de six heures du matin lorsque je me réveillai dans la pièce où j'étais arrivé huit ans plus tôt. Seulement, cette fois, tout s'inversait. Je récupérai mes vêtements civils, ma montre, mes bagues, mes bracelets, et les

---

21. Ep 4, 25: «*Débarrassez-vous donc du mensonge, et dites la vérité, chacun à son prochain, parce que nous sommes membres les uns des autres*».

22. 1 Tm 6, 12: «*Mène le bon combat, celui de la foi, empare-toi de la vie éternelle! C'est à elle que tu as été appelé, c'est pour elle que tu as prononcé ta belle profession de foi devant de nombreux témoins*».

70 DM que j'avais dans ma poche quand j'avais été arrêté à Hambourg. Seule cette lourde porte d'acier me séparait encore de la liberté. À travers la grande fenêtre semi-circulaire, le soleil d'hiver étincelait dans la petite pièce à qui je disais *Ciao*. Les gardes me remirent une enveloppe contenant mon certificat de libération, mon indemnité de libération économisée au fil des ans grâce à mon travail et un billet de train pour Nagold. Un fort bourdonnement retentit lorsque le gardien ouvrit la lourde porte par laquelle de l'air froid et frais arriva dans ma direction. Je dus plisser les yeux, tellement la lumière de l'extérieur était éblouissante. Je pris une profonde inspiration en appréciant pleinement cet instant de ma libération. « Au revoir, Willi, me dit le gardien en souriant, et j'espère ne plus jamais te revoir ! » Vraisemblablement, il disait cela à chaque prisonnier qui était libéré. Mais je vis que, cette fois, il y croyait.

Lorsque je franchis la porte, l'air froid m'enveloppa. Mais, à l'intérieur de moi, je sentais de la chaleur. La lourde porte se referma derrière moi et je me trouvai seul sur la rampe de pierre qui menait du portail aux deux bâtiments, puis dans la rue. Je contournai la barrière rouge et blanche, sentant les pavés sous mes pieds et je descendis le reste de la rampe, calmement, presque euphorique. Je me tenais maintenant sur la Schönbornstrasse, et je regardais à gauche et à droite le long de l'avenue.

C'était un vendredi. Même s'il était encore très tôt, il y avait déjà de nombreuses voitures sur la route. Je devais aller à la gare et je ne savais pas où c'était. Quand un taxi s'approcha, je lui fis signe et je demandai au chauffeur de me conduire à la gare. Avait-il vu que j'étais un ex-détenu et non un simple visiteur de prison ? Un peu de bon sens, Buntz ! Il n'y a pas de visiteurs de prison qui attendent un taxi à 6 heures du matin. Je voyais les maisons se suivre et, sur les trottoirs, les gens allant au travail. Partout, on se précipitait déjà au petit matin. À la gare, je parcourus le hall, trouvai les horaires et constatai qu'il me restait encore une heure avant le départ du premier train pour Pforzheim, d'où je pourrais rejoindre Nagold, ma destination finale.

Je regardai autour de moi : un flot de gens se précipitait autour de moi et j'avais l'impression que tout le monde me regardait ou détournait le regard. D'après moi, il était clair que personne ne voulait avoir à faire à un ex-taulard. M'approchant d'une boulangerie, je vis la vendeuse de loin et il me semblait qu'elle avait l'air renfrogné. J'hésitais à entrer, mais la faim m'y poussait. Il allait falloir que j'apprenne à vivre avec cette réalité que les gens ont peur de quelqu'un qui sort de prison. J'arrivai au comptoir bien éclairé en gardant la tête baissée sur les sandwichs garnis qui attendaient un nouveau propriétaire.

« Comment puis-je vous aider ? » Entendre un tel son, une voix si amicale depuis l'autre côté de l'étalage, me rendit perplexe ; je plongeai dans les yeux bienveillants d'une jeune femme. Cette dernière me regarda gentiment, mais aussi avec impatience, comme si j'étais sur le point de lui offrir un cadeau de Noël. Ne devait-elle pas également avoir peur d'un prisonnier, comme tout le monde ?

Mais elle continuait à me sourire d'une manière amicale et soudain, je fus frappé par la réalité : elle ne savait pas qui j'étais ! Personne ne le savait ! Personne n'évitait mon regard parce que j'étais un ex-caïd. Tous se préoccupaient d'eux-mêmes. Personne ne me regardait de travers parce que je sortais de prison, mais probablement parce que moi je les regardais d'abord d'un air soupçonneux en pensant que tous savaient qui j'étais ! Mais comment auraient-ils pu le savoir ? Avais-je donc le signe de Caïn sur mon front ? Ou étais-je habillé avec les vêtements de la prison ? Ni l'un ni l'autre.

J'étais une personne parmi des milliers. Rien de spécial, rien de « remarquable ». Et c'était sacrément bon à savoir ! Je sentis la tension se libérer en moi.

L'éclat de la jeune femme se mêlait maintenant à un peu d'impatience, aussi j'exprimai vite mon souhait d'un petit pain garni, je payai et je sortis en tapotant mon sac avec mon nouveau trésor qui sentait si bon. Personne ne m'avait jeté un coup d'œil soupçonneux. J'étais libre. Je n'étais plus un taulard, et j'avais le droit de recommencer ma nouvelle vie sans crainte. Et je voulais en profiter.

Mon nouveau travail m'attendait à Nagold avec également un petit appartement dans un grand immeuble de la Kepplerstraße. Pour moi, Nagold n'était que le point de départ de ma mission. En six mois, j'ai rendu visite à de nombreuses personnes en Allemagne du Sud et j'ai rencontré chaque personne à qui j'avais fait du mal pour lui demander pardon. Au début, tout le monde n'était pas ravi de ma visite.

Un jour, j'allai à Ulm et j'allai rendre visite à la banque que j'avais braquée avec mon pote. J'entrai dans le hall pour me diriger tout de suite vers l'escalier qui menait aux bureaux du premier étage. Tous les employés étaient occupés avec des clients, aussi personne ne fit attention à moi. Je grimpai les escaliers avec une sensation de mal au ventre. Comment allait-on me recevoir ? Le directeur de la banque me reconnaîtrait-il ? Était-ce encore le même ? En tous cas, le nom sur la porte était identique. Je frappai prudemment et un « Entrez » retentit de l'intérieur. Même voix. J'appuyai sur la poignée et ouvris lentement la porte. Le directeur leva les yeux vers moi et, après une brève seconde, la lumière se fit sur son visage, qui n'avait l'air ni heureux ni enthousiaste. Au contraire, c'était même un air effrayé. Il ouvrit la bouche et se cramponna à son bureau.

« Pas de souci ! Je ne veux pas vous faire de mal ! Je veux juste vous parler ! » Je tentai de le rassurer, mais il n'avait pas l'air convaincu. Il restait là à me regarder avec de grands yeux.

Par précaution, je m'arrêtai à la porte. « Je suis ici pour m'excuser et vous demander pardon, dis-je le plus doucement possible. Je suis désolé pour ce qui s'est passé. J'ai purgé ma peine, mais j'aimerais aussi arranger les choses avec vous. »

Ses yeux s'écarquillent encore plus.

« Je suis particulièrement désolé pour votre collègue que j'ai menacée avec mon arme. Est-elle toujours là ? Je voudrais aussi m'excuser auprès d'elle. »

L'homme se détendit lentement. Apparemment, j'étais assez crédible – après tout, je ne lui avais ni tiré dessus, ni montré quelque agressivité que ce soit.

« Non… non », bégaya-t-il un peu maladroitement, puis il se maîtrisa, lâcha le bureau où il se cramponnait et reprit : « Non, elle n'est plus là. Pas depuis longtemps. Je ne suis plus en contact avec elle non plus. » Il s'arrêta, se ressaisit. « Eh bien ! vous avez purgé votre peine, la banque est assurée. C'est bon. » Il était clairement bouleversé par le fait qu'un braqueur de banque se tînt dans l'embrasure de sa porte et voulût s'excuser pour ce qu'il avait fait. C'est sûr que ça ne devait pas arriver souvent. « Je vous souhaite tout le meilleur pour l'avenir », parvint-il à me dire d'un ton incertain, sans prendre la peine de se lever de son bureau ni de s'approcher. Puisqu'il s'en fichait probablement que moi je l'approche, je lui souhaitai à mon tour le meilleur et la bénédiction de Dieu, fermai la porte et repartis.

Une fois dehors, je tournai à droite vers le bâtiment voisin – le commissariat. Au guichet, je demandai M. Hartmann, on me dit d'attendre. Après quelques minutes, le policier apparut. C'était celui qui m'avait trouvé à l'époque et qui aurait presque réussi à m'arrêter si je ne l'avais pas battu aussi brutalement. Au début, il fut également choqué de me voir. Il posa instinctivement sa main sur sa hanche, où l'arme de service était attachée, prête à l'emploi. Je levai légèrement les mains, en lui disant que je n'avais pas l'intention de lui faire le moindre mal – au contraire : je voulais m'excuser auprès de lui. Il resta immobile un moment, me regarda de haut en bas. Visiblement, il n'arrivait pas à y croire.

« Vous n'êtes plus en prison ? » me demanda-t-il, pensant certainement au procès dont il avait été l'un des témoins. L'acte d'accusation stipulait : quatorze ans avec ensuite la liberté surveillée. D'un point de vue humain, il n'était pas possible que je me trouve légalement devant lui maintenant.

« Non, j'ai été libéré », répondis-je, glissant lentement la main dans ma veste pour en sortir mon certificat de libération et le lui tendre. Il étudia soigneusement le papier avec incrédulité, puis leva la tête et me regarda.

« Vous savez, expliquai-je, en prison, je suis devenu chrétien. Dieu veut que nous confessions notre culpabilité et que nous mettions de l'ordre dans nos vies. C'est la raison pour laquelle je suis là. Je suis désolé de ce qui s'est passé. C'est tout ce que je voulais vous dire. »

« Wow ! je ne crois pas que ça me soit déjà arrivé », réussit-il à répondre. Il recommença à étudier mon certificat de sortie, comme s'il avait pu changer au cours des dernières secondes. Enfin, il me regarda à nouveau, cette fois d'un air fixe : « Merci ! dit-il en hochant la tête. Merci pour votre sincérité. J'accepte vos excuses. » Il me tendit la main et sourit. Je la pris et nous restâmes ainsi quelques secondes. « Ma femme ne va pas me croire ! » ajouta-t-il en riant, tout en me serrant vigoureusement la main et en me regardant avec des yeux maintenant bienveillants. Je lui rendis ce regard, lui souhaitai une bonne journée, me retournai et partis. Je ne voulais pas être le héros que tout le monde applaudissait. Je voulais juste mettre ma vie en ordre.

D'autres rencontres furent complètement différentes. L'une de mes visites de pardon qui fut la plus difficile à faire eut lieu en Autriche. En fait, je n'étais plus autorisé à entrer dans ce pays car, en plus de ma peine de prison, j'avais été interdit de séjour à vie. Plus important encore, je n'avais aucune idée de ce qui se passerait ni de ce que je ferais quand je me trouverais face à la veuve du policier que j'avais tué dans l'accident.

Je pris le train pour Reutte, errai un peu dans la forêt et traversai la frontière en dehors de toute route. Un petit panneau solitaire informait les randonneurs qu'ils quittaient la République Fédérale d'Allemagne pour entrer en République Fédérale d'Autriche. Si un contrôle aux frontières avait eu lieu ici, de loin j'aurais ressemblé à un randonneur innocent dans sa tenue de sport. Je n'étais ni innocent ni randonneur, mais un vagabond en mission afin d'effacer une lourde dette.

Avant cela, j'avais appelé deux compères avec qui je sortais lors de mon séjour dans une prison autrichienne. Ils m'avaient déniché l'adresse de la veuve que je cherchais. Ma «randonnée» longeait la route fédérale jusqu'à Heiterwang. Devant la maison indiquée, je sonnai à la porte. Une femme âgée ouvrit la porte et me regarda attentivement. Je ne voulais pas dire mon nom pour ne pas lui faire peur. Je lui souris, le plus amicalement possible, en disant que je venais d'Allemagne pour parler de quelque chose d'important avec elle. Ses enfants vivaient-ils à proximité ? Ce que j'avais à dire était également important pour eux. Ses enfants vivaient tous dans le même village et comme je refusais d'entrer, nous nous fixâmes rendez-vous le soir même à 19 heures. Lorsque je sonnai à nouveau à la porte, un jeune homme robuste répondit à sa place. Il m'invita à entrer et me conduisit dans le salon.

Plusieurs personnes y étaient déjà réunies : je ne pouvais pas dire qui était le fils ou la fille du policier qui avait été tué lors de l'accident et encore moins qui étaient leurs conjoints. Une collation avait été préparée et on m'offrit de l'eau à boire, ce que j'acceptai avec reconnaissance.

Tout le monde s'assit et je regardai ces visages tendus devant moi. « Il y a de nombreuses années, votre mari, votre père ou beau-père a perdu la vie dans un accident de voiture. » L'ambiance devint soudain plus tendue. « Vous le savez, dans l'autre voiture, il y avait un jeune garçon au volant. » Je m'arrêtai car il me fallait me ressaisir. Je vis la consternation se refléter dans leurs yeux. Certains passaient instinctivement leurs bras autour d'un autre ou lui tenait la main. Sur certains visages, on voyait déjà l'éclair de la prise de conscience. Je continuai lentement, pesant chaque mot avec l'impression d'avoir un bloc de pierre dans la bouche : « J'étais ce garçon au volant et j'en suis vraiment désolé. »

Les larmes s'accumulaient dans les yeux de la veuve et quelqu'un, horrifié, mit sa main sur sa bouche. Anxieux, j'attendis quelques secondes, mais tout le monde continuait de me fixer, comme s'il fallait que je continue. Je crus voir une sorte de sourire sur l'un ou l'autre visage, que je ne savais pas comment interpréter. « Je suis profondément désolé. Vous devez savoir qu'en prison, je suis devenu chrétien, je me suis converti, et parce que Jésus veut que nous mettions de l'ordre dans nos vies... » Je fus interrompu par l'agitation générale. La veuve avait porté sa main à la bouche et les larmes coulaient maintenant comme un torrent sur ses joues – mais elle ne semblait ni triste ni horrifiée : cela ressemblait plus à... des larmes de joie !

C'était quoi, ça ? Je voyais des regards significatifs s'échanger, les yeux brillants de joie, les coins de la bouche relevés. Je regardais la scène avec incrédulité. La veuve se leva lentement et s'approcha de moi avec un sourire amical. Toujours aussi confus, je me levai également. Elle m'étreignit très fortement. Moi, l'Allemand, l'étranger, soudainement apparu ici et qui venait de reconnaître devant tous son immense culpabilité. Moi, l'assassin de son mari. Moi.

« Vous savez, mon mari était aussi un enfant de Dieu », me dit-elle en pleurant, et poursuivant presque dans un murmure : « Quand il est mort, nous avons su tout de suite qu'il était auprès de Dieu. » Elle desserra son étreinte, mais, continuant à s'accrocher à moi, elle dit : « Depuis ce jour, nous avons prié chaque jour pour que Dieu touche l'âme du garçon qui était responsable et qu'il le sauve des ténèbres dans lesquelles il était entré. » Elle fit une pause significative, puis, les larmes aux yeux, mais avec un sourire radieux, elle ajouta : « Vous êtes la réponse à notre prière ! »

Avec difficulté, j'avalai ma salive. Je ne m'attendais vraiment pas à ça. En même temps, je sentais bien qu'il m'arrivait quelque chose à moi aussi. Les mots de cette gentille vieille femme m'avaient profondément ému. Quelque chose en moi s'était comme dissous, et je sentais les coins de mes yeux se mouiller. Je ne me souvenais pas d'avoir jamais pleuré de ma vie – peut-être tout bébé – et j'avais surtout appris à contrôler mes émotions dès l'enfance. Surtout, ne pas montrer ce que l'on vit au-dedans. Surtout, ne pas se rendre vulnérable ni afficher quoi que ce soit. J'avais beaucoup crié dans ma vie, oui, de colère ou de désespoir. Crié, oui, mais au combat ou pour montrer à tous à quel point Willi Buntz était terrifiant. Mais je n'avais jamais pleuré. Je ne m'étais jamais rendu vulnérable. Je n'avais jamais admis aucune faiblesse.

Mais, à cet instant-là, toute la tension accumulée sembla s'apaiser et se diluer, toutes les précautions prises pour ne pas montrer mes sentiments, toute la carapace dure que j'avais construite autour de mon cœur, pour me protéger, tout s'évanouissait. Ici, au milieu du salon de cette famille autrichienne à qui j'avais causé tant de souffrances, il m'était donné d'être moi-même. Oui, ici, pas loin de la pierre angulaire de ma carrière en prison et ce, à l'âge de 16 ans. Ici, je recevais le droit d'être à nouveau un petit garçon, un enfant, mais cette fois, j'étais autorisé à pleurer sans défense, faisant confiance à quelqu'un pour me réconforter. Réconforter ! Cette famille n'avait-elle pas, elle avant tout, le droit d'être réconfortée ? Au lieu de cela, tout le monde se tenait en cercle autour de moi, les bras autour de moi pour me réconforter, moi ! Moi qui me tenais là à sangloter de façon incontrôlable, complètement submergé par l'amour que ces gens me témoignaient. « Seul Jésus peut faire ce genre de choses », cela me tomba dessus, à ce moment-là, comme une bombe. Je ressentis une douleur profonde dans mon cœur qui se desserrait et s'ouvrait comme avec un bouchon. Une grande chaleur traversait mon corps et je ressentais une joie, une paix et un bien-être profonds. « Oui, seul Jésus peut faire ce genre de choses, confirmai-je en moi-même, et cela parce qu'il nous aimait alors que nous étions encore profondément plongés dans la boue. »

Plus tard, un second voyage me conduisit en Autriche, cette fois-ci auprès du passager de la voiture accidentée, le policier qui avait été grièvement blessé dans l'accident. Dans ma tête, je revoyais le regard amer qu'il m'avait lancé pendant le procès, maintes et maintes fois. Debout devant la porte de son appartement, mes doigts tremblaient littéralement au-dessus de la sonnette.

Devrais-je ou ne devrais-je pas ? Au bout de quelques secondes, je pris mon courage à deux mains et je pressai le bouton. Une cloche aiguë retentit derrière la porte et, peu de temps après, des bruits se firent entendre. J'entendis la clé tourner, la serrure cliqueter et, lentement, la porte s'ouvrit. Un fauteuil roulant en sortit. C'était lui ! Nos yeux se croisèrent et je saisis tout de suite qu'il savait qui j'étais. Je lui dis que j'avais terminé ma peine de prison et que j'avais quelque chose d'important à lui partager. Il m'invita à entrer et roula devant moi le long d'un petit couloir jusqu'à un salon meublé simplement. Je me sentais misérable. Il m'indiqua d'un geste de la main où m'asseoir. Il penchait la tête et me regardait avec un mélange d'arrogance et d'indifférence.

Je commençai par dire l'une et l'autre chose sur l'accident, que j'avais de la peine pour ce qui lui était arrivé, quel chemin j'avais pris depuis et comment j'avais avoué ma culpabilité au Procureur, même pour des faits qu'on ne pouvait pas prouver. « J'ai fait ça parce que je veux mettre ma vie en ordre, lui dis-je. Je crois que c'est ce que Dieu veut que nous fassions et la meilleure façon de bien gérer la culpabilité est de se confesser et de demander pardon aux personnes touchées. Pour moi, c'est le seul chemin possible. C'est la raison pour laquelle je suis ici. »

Le policier me contempla longuement, en restant silencieux. Aucune manifestation quelconque ici, pas de joie, pas de larmes… Probablement que, pour lui, je n'étais pas une réponse à la prière. Mais son visage ne semblait refléter ni amertume ni colère.

Après un silence qui me sembla une éternité, il dit : « Mon garçon, j'ai accepté ma vie ! Je vais bien ! Je te pardonne ! » Il me regarda en silence. Je répondis à son regard, attendant ce qui allait suivre. Mais plus rien. Alors, au bout d'un moment, je hochai la tête et réussis à dire : « Merci ! » Puis je me dirigeai vers la porte de sortie. L'homme ne me suivit pas. J'ouvris la porte, sortis et la refermai derrière moi. Était-il sérieux quant au pardon qu'il m'accordait ? Peut-être. Mais ce n'était plus mon affaire. Il m'avait exprimé son pardon et je lui en étais reconnaissant. Le reste ne me regardait pas. Cet homme a dû continuer à vivre avec les conséquences de ma faute. Son pardon changerait certainement aussi son cœur. Il avait probablement juste besoin d'un peu de temps.

Je descendis les escaliers avec un mélange de tristesse et de soulagement. La voie était la bonne, je n'en doutais plus. Et, à chaque fois, je trouvais plus facilement les mots pour dire : « Je suis désolé… » Ces mots qui, au début, semblaient imprononçables et qui sortaient maintenant plus facilement de mes lèvres. Ces mots de pardon qui m'ont libéré et rendu heureux. Et j'ai vu comment ils ont également changé quelque chose pour ceux envers qui j'étais coupable.

Les réactions n'étaient pas toutes les mêmes. La plus étonnante fut probablement celle de la veuve de l'homme que j'avais rencontré et tabassé devant le pub à Ulm et qui était mort à la suite de ces blessures. Au procès, elle avait demandé une peine sévère pour moi. Mais là, elle me dit succinctement : « En fait, j'étais bien contente qu'il soit sorti de ma vie. » Je ne savais que faire de cette honnêteté brutale. Mais, d'une manière ou d'une autre, cela avait tout de même clarifié les choses entre nous.

Toutes mes visites, toutes mes démarches étaient fructueuses. Je n'ai jamais rencontré quelqu'un qui ait refusé de me pardonner. De plus, j'ai remarqué que si nous mettons de l'ordre dans notre vie, alors Dieu crée l'environnement nécessaire pour nous y aider. Lorsque nous avouons nos péchés et que nous les confessons, alors Dieu se montre fidèle et juste, comme le dit la Bible. Avouer sa faute vaut toujours la peine, parce que Dieu ne nous met jamais le couteau sous la gorge. Il prépare des situations propices, ouvre les cœurs et les remplit de douceur. Ce que nous devons avoir, c'est le courage de faire le premier pas. Mais cela ne commence même pas par un acte extérieur. Cela commence dans notre cœur. En tant que converti, moi aussi je dois continuer à me dire : « Helmi, change ton orientation et Dieu changera la situation. » J'ai pu expérimenter cela tout au long de ma vie de foi.

Il y a en chacun de nous cette fâcheuse tendance à quitter le bon chemin, à accumuler les fautes et à les mettre sur le dos des autres. N'est-il pas alors approprié de prendre en main notre courage pour nous débarrasser de ce péché – du mieux que nous pouvons ? Cela reste notre tâche, malgré le pardon de Dieu et des hommes. Mes pieds sont malades, mon dos est cassé, c'est le résultat de mes années de prison, moi qui ai quitté le bon chemin et commis tant de délits. Certains me demandent : « Tu es croyant, mais pourquoi es-tu malade malgré cela ? » Je leur réponds toujours : « Jésus est mort pour nous libérer du péché et de la mort, mais non pour effacer les conséquences de nos actes. » Une personne récoltera toujours ce qu'elle a semé – cette vérité est irréfutable.

Dieu ne nettoie pas derrière nous. C'est à nous de le faire. Lui, il nous y aide, d'une manière ou d'une autre.

D'ailleurs, Dieu fait sans doute beaucoup plus. Il n'est pas seulement notre exemple, surtout en ce qui concerne pardon et réconciliation, mais il nous précède sur ce chemin. Sur la Croix, il nous a pardonné, comme il a pardonné aux soldats qui l'ont cruellement battu et cloué au bois. Et cela, au moment même où ceux-ci lançaient les dés pour partager ses vêtements. Jésus n'était pas rancunier, mais il pardonnait, avant même que les gens puissent se repentir. Parfois, avant même d'avoir pris conscience de leur faute. Pour Jésus, le pardon n'était pas seulement un acte d'amour extérieur, mais encore l'attitude profonde et constante de son cœur miséricordieux jusqu'à la mort sur la Croix. Il aurait eu toutes les raisons d'être en colère contre le monde entier. Contre nous tous qui faisons tant de vilaines choses. En tant que Fils de Dieu, il aurait pu réclamer toutes les chances et tous les droits. Notamment le droit d'écraser les soldats, les chefs religieux, les citoyens de Jérusalem qui avaient causé sa mort. Mais il choisit de leur pardonner et de ne pas se venger. Il s'abaissa, mais cela montrait sa vraie force. Et s'il est vrai que nous voyons Dieu le Père quand nous regardons Jésus (comme il est dit dans l'évangile de Jean[23]), alors Dieu est comme ça : Pardon et Amour. Nous n'avons donc pas besoin d'avoir peur de lui. La seule crainte à avoir est celle de continuer à porter nous-mêmes le poids de nos fautes, au lieu de demander son pardon à Dieu et leur pardon aux hommes, ainsi que d'être toujours disposés à pardonner à autrui comme à nous-mêmes. Aucun d'entre nous n'est parfait, personne n'est sans péché. Jésus nous montre comment, malgré cette réalité, nous pouvons vivre en étant réconciliés.

---

23. Jn 14, 9 : « *Celui qui m'a vu a vu le Père* ».

7

TENTATION

Je ne m'attendais pas à ce que la vie en liberté ait aussi ses zones d'ombre : l'attrait de la tentation. Normalement, on pourrait penser que la prison est une période difficile. Mais tous ceux qui ont déjà été emprisonnés le savent : c'est après que certaines difficultés commencent vraiment. La prison est peut-être difficile à supporter, mais c'est aussi un endroit très protégé – vous ne serez pas tenté de cambrioler une banque, car il n'y en a pas, ni de chiper le portefeuille de quelqu'un, car personne n'en a en prison. Bien sûr, vous pouvez aussi faire beaucoup de bêtises en prison. Je l'ai suffisamment vécu. Mais, en gros, ce fut pour moi une vie loin des tentations, loin de mes vieux schémas.

Maintenant que j'étais sorti de prison, je fus frappé de plein fouet. La première gifle s'annonça par le bourdonnement de la sonnette de ma porte d'entrée – le jour même de mon emménagement dans l'appartement à Nagold. Un petit homme à lunettes se tenait devant moi, mallette et carte d'identité en main : un huissier ! Il ne prit même pas la peine d'inspecter mon appartement à la recherche d'objets à saisir. De toute façon, il n'y aurait rien trouvé. Au lieu de cela, il étala immédiatement ses papiers sur ma table de cuisine pour calculer, devant moi, le montant des dettes avec lesquelles je commençais ma nouvelle vie : 1,2 million de DM. Butin, dommages matériels et indemnisations pour douleurs et souffrances infligées – tout s'additionnait. Je le regardai et déglutis. Dans mon nouveau travail de balayeur, je gagnais 3,48 DM l'heure. Je m'abstins de calculer dans ma tête combien de temps il me faudrait pour rembourser cette dette. C'était impossible à assumer. L'huissier continua à énumérer, mais ses paroles m'échappèrent. Comme il serait facile de commencer dès ce soir à chercher des propriétés convenables, des maisons familiales où il y aurait quelque chose à prendre. Comme il me serait facile de me rendre jusqu'à une ville éloignée, d'entrer dans une banque et de « retirer » de l'argent, arme à la main. J'étais doué pour ça. Je m'en tirerais.

L'huissier une fois parti, je restai longtemps à la fenêtre, à contempler, dans le crépuscule croissant, les lumières de la rivière Nagold – du même nom que la ville. Là en bas, il devait y avoir quelque chose à voir également. Certainement pas la prostitution de rue, mais l'un ou l'autre bar mal famé, où des types louches traînent leur carcasse. Un endroit où vous pouvez rapidement savoir où trouver quelque chose à « emporter » et à vendre. J'en étais sûr, si je regardais n'importe quelle ville d'en haut la nuit, je pourrais, infailliblement, identifier les quartiers louches.

Alors que je me tenais à la fenêtre, l'histoire d'Adam et Ève dans le jardin d'Éden me vint à l'esprit : « *La femme s'aperçut que le fruit de l'arbre devait être savoureux, qu'il était agréable à regarder et qu'il était désirable, cet arbre, puisqu'il donnait l'intelligence*[24]. » Cela m'en apprenait beaucoup sur certains péchés commençant par les yeux. Je réfléchis, me disant que nous voyons quelque chose pour nous suggérer tout ce que l'on pourrait vivre en quittant le bon chemin. Et je me disais encore : si seulement nous pouvions comprendre pourquoi – et vers quoi – nos yeux sont attirés !

Mais un autre jardin me vint alors à l'esprit : Gethsémani, et Jésus au milieu des oliviers. Lui aussi, le Fils de Dieu, a dû lutter contre le doute quant à savoir si sa voie était la bonne. Lui aussi, le Fils de Dieu, a supplié son Père à genoux pour être conduit sur un autre chemin. Mais il est resté inébranlable.

---

24. Gn 3, 6.

Il a résisté à la tentation d'emprunter la voie facile, de fuir ses responsabilités. Moi aussi, j'avais envie de résister !

Je tombai à genoux et me mis à prier : « … Et ne nous laisse pas entrer en tentation… » Après cela, je restai assis sur le sol dur pendant un certain temps. Je venais tout juste d'être libéré et, déjà, je réalisais que la vie était tout sauf facile à l'extérieur. Et même en ayant offert cette vie à Jésus – les tentations, les anciens schémas, les tourbillons de pensée… étaient toujours là. Peut-être même plus forts que jamais. Comme quelqu'un qui meurt de soif, j'avais envie de résoudre mes problèmes actuels à ma manière. Ça allait être un « terrible » combat, me dis-je, en me relevant. Eh oui ! les lumières m'attiraient. Mais, pour aujourd'hui, j'arrivais à faire confiance à mon Sauveur. Il avait surmonté sa tentation, il m'aiderait à surmonter la mienne. Au moins aujourd'hui. Et peut-être demain aussi. Et après-demain ?

Comme un ouragan, les premières semaines de liberté du dimanche s'envolèrent pour moi. Je faisais mon travail quotidien à la société Klenk, mais je réalisai vite que j'étais une espèce de petite star. J'étais invité dans de nombreuses églises pour raconter mon histoire, pour prêcher au cours des offices du dimanche, même si je n'avais jamais fait le moindre sermon. Je n'arrivais presque jamais à manger tranquillement à la maison le week-end – j'étais constamment accueilli par des gens curieux qui m'invitaient pour voir l'ex-détenu converti qui parlait de choses si spectaculaires.

Au milieu de cette confusion, déboula le premier contact avec mon ancien monde : Michael. Quand l'homme dit son nom à l'interphone de la porte, je sus tout de suite que quelque chose clochait ! Michael avait été condamné à deux peines d'emprisonnement à perpétuité. Il n'y avait aucune raison qu'il puisse être ici légalement. Néanmoins, Michael avait été un bon copain en prison. Quelque chose avait dû le pousser à venir ici. J'appuyai sur le buzzer et le laissai entrer. Appuyé nonchalamment contre le montant de la porte et pourtant tendu à l'intérieur, j'attendais que Michael monte la cage d'escalier. À ma grande surprise, il était accompagné d'une jeune femme que je connaissais : Mme Stahl, une assistante sociale de Bruchsal. Elle ne sortait certainement pas avec lui et lui n'avait sûrement pas l'autorisation officielle d'une sortie accompagnée. Je fis semblant de n'avoir rien remarqué. Je les saluai amicalement en les invitant à entrer. Il me poussa dans l'appartement et Mme Stahl, apeurée, trottait derrière lui. Après une petite conversation sur l'appartement et la belle vue, je lui pris, gentiment mais fermement, le bras en le tirant sur le balcon. Ce faisant, je sentis une arme sous sa veste, ce dont je me doutais.

« Willi, murmura-t-il en s'approchant tout près de mon visage, attention : j'ai fui Bruchsal, la Stahl est mon otage. » Je le regardai d'un air maussade en lui disant : « Il n'est pas difficile de remarquer que vous ne vous aimez pas. » Michael me lança un regard noir : « Willi, si tu appelles les flics, je te flingue ! » « Toi ? répliquai-je. Non, Michael, tu ne me buteras pas. Je le sais ! » Sur ce, je le quittai et retournai dans l'appartement, me dirigeant vers le réfrigérateur pour y faire l'une ou l'autre chose. J'étais bouleversé. Les escrocs ne se trahissent pas entre eux ! Point final. Tout autre comportement aurait été une véritable honte. Tant pis. Même si j'étais différent, maintenant. Et Michael le savait aussi, c'est pourquoi il était est venu chez moi.

Mais j'étais maintenant un enfant de Dieu. Comment pouvais-je tolérer ce qui se passait là ? Si Michael s'était simplement enfui, passe encore… mais il avait pris une otage et avait menacé sa vie. Je ne pouvais pas tolérer ça.

«Seigneur Jésus! m'écriai-je intérieurement. Qu'est-ce que je suis supposé faire? Je ne peux pas le trahir – mais il faut que je fasse quelque chose. Aide-moi!» Soudain, mes yeux tombèrent sur le calendrier de la cuisine accroché au réfrigérateur. Séance de prière. Aujourd'hui, c'était l'heure de la prière à l'église! Et, soudain, je sus ce que je devais faire. Je sortis une énorme saucisse de viande du réfrigérateur, je pris un bocal de choucroute et des épices dans le placard, et je coupai la saucisse en tranches. Je mélangeai le tout avec la choucroute, le vinaigre, l'huile et les épices, pour en faire une copieuse salade. Michael aimait la salade de saucisses, je le savais, ce serait mon «ticket» de sortie pour ce soir.

Je mis deux couverts et la salade de saucisses au milieu, et je dis joyeusement: «Mange maintenant, moi je dois aller au groupe de prière! Je serai de retour vers dix heures.»

Les yeux de Michael se rétrécirent, mais il ne dit rien. Il savait combien j'avais changé, et respecter l'heure de la prière, cela ressemblait bien à ce fou de Willi que Michael avait rencontré à Bruchsal lors de ces derniers mois de prison. Sans attendre une quelconque réaction, j'attrapai ma clé et ouvris la porte.

Brusquement, je fus arrêté dans ma course en entendant derrière moi: «Willi!» Je m'arrêtai brusquement et me retournai lentement. Michael se tenait toujours au même endroit avec le même air sombre, en me disant: «Fais gaffe!» et cela semblait très sérieux. Je lui fis un lent signe de tête, me retournai et tirai la porte derrière moi.

Dans l'église où j'allais, il était courant de s'agenouiller en prière. C'est ce que je fis également ce soir-là. Un autre homme était agenouillé à côté de moi. Après un bon bout de temps, il se tourna vers moi, me regarda et me dit soudain: «Helmi, ne vous faites pas de souci!»

Je lui demandai pourquoi il pensait que j'étais inquiet. À mon grand étonnement, il me répondit : « La visite que vous avez – Dieu s'en chargera. Ne vous inquiétez de rien. Dieu le renverra ! »

Avec de grands yeux, je regardai l'homme à genoux. Il ne pouvait pas être au courant pour Michael et Mme Stahl. Il venait d'un tout autre quartier de la ville. Et même si, par le plus grand des hasards, il les avait vus entrer chez moi, il n'aurait pas pu connaître le fin fond de l'histoire. J'étais perplexe ! Jésus aurait-Il déjà exaucé ma prière ? Si soudainement ?

Je rentrai chez moi sans avoir échangé avec les autres membres de la communauté, comme je le faisais d'habitude. Michael s'était s'installé, confortablement, sur le canapé et il ronflait bruyamment. Il avait placé Mme Stahl par terre, devant le canapé, enchaînée à la table basse avec des menottes, probablement volées lors de son évasion. Elle me regarda d'un air suppliant, mais j'évitai son regard. Je me retirai dans ma chambre, espérant un miracle.

Le lendemain, je me réveillai en sentant quelqu'un assis sur mon lit. Surpris, je bondis – cela ne s'était pas produit au cours des huit dernières années. C'était Michael, mais quelque chose était différent dans son expression. Il n'était pas aussi sombre que la veille. Je le regardai, confus.

« Willi, dit doucement Michael, je pense qu'il vaut mieux que je retourne à Bruchsal ! » J'en restai bouche bée. Complètement étonné, je le regardai et ajoutai simplement : « Quoi ? » Il poursuivit : « J'ai l'impression que c'est la bonne chose à faire. Je souhaitais la liberté, mais être ainsi en fuite, ce n'est pas la liberté. J'ai vu à quel point toi, tu es libre. Tu peux aller où tu veux et personne ne t'arrête ni te poursuit, personne ne veut t'arrêter. » « Michael, balbutiai-je, oui, tu as tout à fait raison. » Je repris lentement mon calme. Je m'attendais à tout. Que les deux soient partis pendant ma réunion de prière, ou durant la nuit, ou que la police se soit présentée et les ait arrêtés. Mais je ne m'attendais vraiment pas à quelque chose comme ça.

« Moi aussi, tu le sais, n'est-ce pas, j'ai été longtemps en cavale, à Ulm, à Hambourg… lui dis-je. Et je me souviens encore de l'étrange sentiment de soulagement que j'ai éprouvé quand j'ai été arrêté. Nos crimes, comme nos dettes, doivent être remboursés et pardonnés. Ce n'est qu'alors que l'on peut se sentir en paix ! Ce n'est qu'alors que tu seras libre, Michael. »

Nous nous assîmes dans le salon. Mme Stahl, à mon grand étonnement, n'avait plus de menottes. Elle était occupée à faire du café. Apparemment, Michael lui avait déjà annoncé son plan de retour. Je leur racontai mes visites et mes expériences avec les personnes à qui j'avais fait du mal. « Je n'ai jamais été privé de leur pardon, pas même une seule fois, Michael. Et, à chaque fois que je reconnaissais ma faute et que j'en demandais pardon, c'était infiniment bon et c'était un tel soulagement de l'avoir fait. » Je terminai mon histoire en le regardant avec insistance : « Et tu dois savoir, Michael, à la fin, tout vient du fait que Dieu me pardonne. Cela me donne la force de demander pardon et de pardonner aux autres. Sinon, je ne pourrais pas agir ainsi et je serais toujours en train de croupir en prison. Sinon, je ne retrouverais pas toute ma liberté – et d'aucune manière. »

Il y eut un bref silence pendant que nous échangions, tout en sirotant notre café. Un lien étrange commençait à se nouer entre nous trois. Comme si nous nous étions enfuis ensemble et voyagions ensemble depuis des mois – comme si nous étions frères et sœurs en esprit, ensemble sur le même chemin de lumière, dans une vie meilleure quelque part au bord de la mer, dans un autre pays ou dans une autre réalité.

« Tu ne veux pas, toi aussi, donner ta vie à Jésus ? demandai-je doucement dans ce silence béni. Regarde comme je vais bien maintenant, Michael. » Je levai la tête en le regardant intensément. Michael me regarda de la même façon en retour. Et, à ma grande surprise, il dit sans hésiter : « Oui, moi aussi je le veux ! »

Mme Stahl, assise, suivait, avec intérêt et émerveillement, notre échange.

Michael et moi nous mîmes à genoux et je priai avec lui. Ce matin-là, au huitième étage d'un haut immeuble de Nagold, un preneur d'otage du nom de Michael a donné sa vie à Jésus en présence de son otage ! Lorsque nous nous sommes relevés, Michael rayonnait d'une oreille à l'autre. Après leur avoir servi un copieux petit-déjeuner, je les serrai tous les deux dans mes bras et ils continuèrent leur chemin. Je restai longtemps sur le balcon à les regarder s'éloigner. Peu de temps après, curieux de connaître la suite, j'appelai Bruchsal pour demander à un ancien copain ce qui s'était passé.

J'écoutai, ému et le souffle coupé : Michael et Mme Stahl étaient effectivement arrivés à Bruchsal, le soir même. Michael avait sonné à la porte d'entrée, disant simplement aux gardiens en service, abasourdis, qu'il était de retour et qu'il était désolé de ce qu'il avait fait. Quant à Mme Stahl, elle leur avait affirmé qu'elle allait bien et que Michael était revenu de son plein gré. Elle ne voyait donc aucune raison de le dénoncer ni d'exiger une punition. Après une discussion approfondie, les autorités pénitentiaires, perplexes, décidèrent que Michael ne serait pas puni pour sa tentative d'évasion avec prise d'otage. Deux jours plus tard, Michael était retrouvé mort dans sa cellule – crise cardiaque. Il souffrait probablement d'une malformation cardiaque qui n'avait pas été découverte. Et maintenant, il était mort… en enfant de Dieu.

Après avoir raccroché, je regardai par la fenêtre au loin. Quelle histoire dingue ! Quelle réponse à la prière ! Et quel rebondissement !

Déchiré entre l'amour de Dieu, mon nouveau chemin et les déceptions vécues, je voulais en savoir plus sur la Bible et j'avais besoin d'être affermi dans ma foi. Pour ce faire, j'avais obtenu les adresses de nombreuses écoles bibliques. J'avais entendu dire que le grec et l'hébreu, les langues dans lesquelles la Bible avait été écrite, pourraient m'y aider. Cela me semblait intéressant. J'avais aussi besoin de gens pour m'expliquer les contextes et les liens dans la Bible. Tant de questions sur la vie de foi me venaient à l'esprit, risquant parfois de me faire désespérer. Il n'est pas possible que la foi et la vie des chrétiens divergent à ce point.

J'envoyai une dizaine de lettres à diverses écoles bibliques en Allemagne. À chaque fois, je racontais mon histoire et demandais des renseignements afin d'être accueilli dans leur école. Après quelques semaines, les réponses se mirent à affluer lentement dans ma boîte aux lettres, mais… je fus profondément choqué : pas une seule école biblique ne voulait accueillir un ex-détenu tout juste sorti de prison. Je devais d'abord faire mes preuves et revenir dans dix ans ! Alors ils seraient heureux de reprendre contact avec moi, disaient-ils. Telle était la teneur de toutes leurs réponses. J'étais « à terre » et complètement découragé !

Je savais que si je ne continuais pas, maintenant, à grandir dans la foi, il ne me faudrait pas dix ans pour retomber dans mon ancienne vie. La tentation était trop grande ! La prison m'attendait à nouveau, si je ne pouvais rien faire – dès maintenant – pour fortifier ma foi. Une fois de plus, j'étais profondément déçu par les chrétiens et je me sentais véritablement abandonné.

Durant l'hiver, je fus invité en Hollande pour donner mon témoignage lors d'un rassemblement du Renouveau charismatique – à ce moment-là, mon histoire avait déjà fait son chemin jusqu'aux Pays-Bas ! J'y allai en voiture, non sans avoir obtenu auparavant l'accord de mon agent de libération conditionnelle. Lorsque je fus interrogé sur scène, tout le monde m'applaudit – le miraculé de Bruchsal était là, au milieu d'eux, l'homme pour qui Dieu avait fait de si grandes choses. Mais, alors que j'étais sur le point de prendre congé des organisateurs du rassemblement, un homme s'approcha des responsables et leur chuchota quelque chose à l'oreille. Les visages devinrent sérieux, des regards noirs me furent lancés. Finalement, l'un des hommes déclara : « Une voiture a été cambriolée sur le parking et un sac à main a été volé. Vous devez rester ici, car nous devons, malheureusement, vous remettre à la police. Le voleur ne peut être que vous ! »

Abasourdi, je regardai les hommes devant moi. Ceux qui venaient tout juste de me transformer en « miracle de Dieu » étaient tout à coup absolument certains de ma culpabilité. D'après eux, celui qui avait pénétré par effraction dans cette voiture et volé le sac à main, c'était moi ! Accablé par la chute soudaine du piédestal sur lequel ils m'avaient hissé, je fus incapable de répondre quoi que ce soit. La police arriva, je fus interrogé. C'était clair : mon emploi du temps ne m'avait pas donné l'occasion de commettre ce larcin. Deux jours plus tard, l'agresseur était arrêté et je fus finalement disculpé. Mais l'expérience me hanta pendant des jours. Quel genre de foi faut-il pour élever quelqu'un au ciel si rapidement, et ensuite se méfier à ce point de lui ? Et que peut valoir une telle foi ? Entre les escrocs et les criminels, l'honneur existait et la parole d'un homme comptait. Mais beaucoup de chrétiens rencontrés disent une chose et en font une autre. Que faire avec cette contradiction ?

De retour dans mon appartement, à Bad Urach où je vivais maintenant, je pris ma décision : « Vous les chrétiens, vous pouvez m'embrasser le c… ! » criai-je, furieux. Me rendant dans ma chambre, je sortis ma valise du placard et emballai mes affaires. J'en avais ras-le-bol et plus rien ne me retenait ici. Je retournerais là où les gens avaient encore leur honneur dans les tripes – à Stuttgart, chez mes anciens comparses du milieu.

À Stuttgart, je me dirigeai directement vers la Leonhard-strasse pour y retrouver, dans les différents bars et maisons closes, des visages familiers. Je n'eus pas à chercher longtemps. Avant même de m'en rendre compte, j'avais déjà un emploi de serveur au bordel Schiller. Quelques jours plus tard, j'y rencontrai Freddy, l'un des proxénètes les plus notoires de la ville et chef du district. Nous nous saluâmes chaleureusement et je lui expliquai ma situation. Délibérément, je gardai le silence sur ma conversion et mon séjour à Nagold.

Freddy me connaissait et m'appréciait ; aussi, dès le lendemain, je devenais son garde du corps. Je reçus une arme, un Ballermann, et assez vite, je me sentis de nouveau à l'aise. Ici, je connaissais mon chemin et j'étais heureux ! Je restai près de Freddy pendant presque trois mois, le protégeant des autres proxénètes ou faisant le guet durant les vols et attaques à main armée. Quand j'étais libre, j'errais dans le quartier ou m'asseyais dans ma chambre pour regarder la télévision – j'étais tout particulièrement friand de l'émission : « Affaires XY non résolues. »

Un soir, en regardant cette émission, assis avec ma bouteille de bière sur le canapé, les pieds sur une chaise, m'amusant de la bêtise de la police, je perçus soudain une voix. Personne ne parlait ! Ces mots résonnèrent comme un éclair dans mon for intérieur et je sus tout de suite que c'était sérieux.

« Helmi ! Que fais-tu ici ? Est-ce pour ça que je t'ai fait sortir de prison, pour que tu crèves ici comme un chien ? Dépêche-toi de retourner à Bad Urach ! »

Mon sang se glaça dans mes veines. Je sus immédiatement que Dieu m'avait parlé, même si je n'avais entendu aucun son. Ce message était clair et sans ambiguïté. Et je le savais : je devais lui obéir. Aussi hâtivement que j'avais bouclé ma valise pour partir de Bad Urach, aussi vite je la fis pour y retourner ! J'étais content de ne croiser personne quand je partis précipitamment. Je dévalai les escaliers, poussai la porte et courus vers la gare. Entretemps, je réalisai que j'avais laissé la télévision allumée. Mais je m'en moquais. La propriétaire allait retrouver la chambre ainsi, à un moment donné ; elle allait remarquer que je n'avais pas payé le loyer, et se demander pourquoi. Moi, je savais juste que je devais absolument partir d'ici, et vite, et j'étais surpris d'en être si sûr.

Deux jours plus tard, je découvris pourquoi. Lorsque j'ouvris le journal au petit-déjeuner, un gros titre attira mon attention : « La réunion de proxénètes se termine par la mort ». Le lendemain de mon départ précipité, une grande réunion avec les proxénètes de toute l'Allemagne avait été prévue et nous, Freddy et moi comme son garde du corps, étions sur le point d'y participer.

Mais il y avait eu une fusillade et Freddy était mort. Je compris alors que je ne serais plus en vie, moi non plus, si j'étais allé à cette réunion. Cette prise de conscience me frappa comme un coup au cœur ! Dieu m'avait sauvé. Une fois de plus. Et il m'avait à nouveau retiré de la boue.

Ce matin-là, le journal d'une main et un petit pain à la confiture dans l'autre, l'évidence m'apparut clairement : je ne devais plus dévier d'un pouce de mon chemin, car la tentation était trop grande pour moi de succomber et de retourner à mon ancienne vie. Je savais que malgré toute la frustration que la vie d'enfant de Dieu peut apporter et toute la déception que les gens pouvaient me causer – et que je causerais certainement aux autres aussi –, je ne pouvais plus céder à la tentation de choisir mon ancienne voie. Je dus donc rompre définitivement avec l'habitude de profiter des lumières de la ville et de ses plaisirs. Je devais poursuivre sur le chemin que j'avais choisi. Ce n'est qu'ainsi que je pourrais préserver ma liberté – ma liberté d'abord intérieure, mais finalement aussi extérieure.

8

CONFIANCE

À travers tous ces tourments, j'ai appris au moins une chose : avoir pleine confiance en Dieu, cela en vaut la peine ! Qu'importe ce que j'ai fait, il ne va pas me condamner. Au contraire, je peux toujours compter sur son amour. Et, étant donné que je me suis ouvert à Dieu, en vérité, j'ose également être vrai avec les gens. Avouer honnêtement le mal que je leur ai fait, cela ne m'a apporté que du bien. Si je m'abandonne à lui avec confiance, je fais l'expérience de son agir dans ma vie. Et chaque jour qui passe m'apporte davantage de joie de m'abandonner à lui.

Pour beaucoup de chrétiens, l'œuvre de Dieu est, soit une théorie plutôt obscure, soit un événement extraordinaire et merveilleux. Pour moi, Dieu est simplement présent tous les jours de ma vie, telle qu'elle est. Peut-être plus rarement dans des choses spectaculaires, mais certainement dans de petites choses normales et quotidiennes. J'en fais l'expérience régulièrement, comme dans mes visites auprès des personnes que j'accompagne. Peut-être cela vient-il du fait que je suis particulièrement attentif à découvrir les traces de Dieu dans ma vie, ou parce que je sais à quel point cela me fait du bien.

Il est vrai aussi qu'obtenir si facilement – tout juste sorti de prison – un emploi à la société Klenk, cela frôlait le miracle. On pourrait se dire que c'était lié à ma conversion, qui se savait. Mais tout ne s'explique pas ainsi.

Après que j'eusse balayé la cour durant une période, Fritz Wahr me donna la possibilité de gérer une petite station-service à Metzingen, aussi je déménageai à Bad Urach. Rapidement, je découvris un manque sur le marché : les camionneurs voulaient tous partir le plus tôt possible le matin, à cause des nombreux kilomètres qu'ils avaient à parcourir dans la journée. Aussi, je décidai d'ouvrir ma station-service beaucoup plus tôt que celles des environs. En un rien de temps, les camions faisaient la queue chez moi. Ma station devint florissante et me fit gagner beaucoup d'argent. J'en utilisai une partie pour rembourser mes dettes. Je contactais mes créanciers individuellement et leur expliquais ouvertement ma situation.

J'épargnais l'autre partie. Mon grand rêve était de visiter quelques endroits du monde. Je n'avais pas beaucoup voyagé; or, il y avait tant à découvrir et à vivre. Au bout de quelques années, je demandai à mon agent de libération conditionnelle la permission d'effectuer un voyage à l'étranger. L'ayant obtenue, j'achetai un billet d'avion pour l'Afrique du Sud. Je traversai le pays. Un jour où je me trouvais au cœur du parc national Kruger à Skukuza, assis à la terrasse d'un restaurant pour le petit-déjeuner, un homme à l'air terrible vint s'asseoir à côté de moi: à part son visage, tout son corps était couvert de cicatrices. Pas de trace de peau saine. Dans la discussion, il me confia que, quand il était jeune, plus de 90 % de sa peau avait été brûlée dans un accident. « Ce n'est que par la grâce de Dieu que je suis en vie ! » Je dressai l'oreille: un enfant de Dieu ! Je lui racontai mon histoire, lui disant que j'étais chrétien et que moi aussi, si j'étais là devant lui, ce ne pouvait être que par la grâce de Dieu. L'homme, enthousiaste, m'invita immédiatement à Pretoria pour le rassemblement annuel de « l'Assemblée des membres du Christ ».

De ma vie, je n'avais jamais rien vécu de tel – et surtout pas dans ma Souabe natale plutôt réservée. De 6 heures à 10 heures, c'était l'heure de la prière, avec de la musique forte et d'innombrables personnes priant les unes pour les autres, dansant et louant Dieu, les mains levées. De 11 heures à 14 h 30, il y avait un service de la Parole qui ne différait pas fondamentalement de la prière qui précédait, sauf par un long enseignement d'un prédicateur enthousiaste. Le deuxième service analogue était de 16 heures à 19 heures, et le troisième durait jusqu'à minuit. Ce n'était jamais ennuyeux, il y avait même des gens qui étaient guéris de leurs maladies. J'étais perplexe. C'était une toute nouvelle forme de christianisme que je venais de rencontrer.

Mais, surtout, la communauté de cette association disposait d'une école biblique de langue allemande. Le cœur battant, je demandai à parler au directeur ; je fus tout de suite accepté dans cette école. Si vite après que j'ai été durement repoussé des écoles bibliques allemandes, Dieu me donnait tout à coup l'occasion d'en apprendre davantage sur la Bible et le contexte de son origine. Je m'inscrivis immédiatement. En fin de compte, je vécus en Afrique du Sud pendant un an. J'y suis retourné maintes et maintes fois par la suite. J'avais fait l'expérience qu'il ne servait à rien de jeter l'éponge et de tout abandonner, comme je l'avais fait lors de mon échec à Stuttgart. Cela valait la peine de faire tranquillement confiance à Dieu. Ce que m'avait dit mon père semblait juste : Dieu a un plan, il prépare les gens et les rencontres.

Cependant, nous ne reconnaissons pas toujours ni rapidement les intentions de Dieu. Lors de ce rassemblement, soudain, un homme à mes côtés me parla en anglais. Je tentai de comprendre. Et tout à coup, il me dit dans l'allemand le plus pur : « Helmi, si tu continues ainsi à mettre de l'ordre dans ta vie, Dieu te donnera un *Yedidya* ! » Je le regardai avec de grands yeux. Je ne savais ni ce qu'était un Yedidya ni pourquoi il m'avait auparavant parlé en anglais, s'il parlait allemand. Mais quand je lui posai ma question en allemand, il ne me comprit pas. Apparemment, il n'était même pas conscient qu'il venait de dire une phrase en allemand.

Bien des années plus tard, lors du baptême de mon premier fils, quelqu'un s'approcha de moi pour me dire qu'il avait l'impression que Dieu voulait me dire : « C'est le Yedidya que je t'ai donné, comme je te l'avais promis. » L'homme ne savait rien de ce qui s'était passé en Afrique du Sud – je n'en avais parlé à personne et j'avais même vite oublié cet événement. Maintenant, j'avais bien sûr toutes les raisons de chercher ce que ce mot signifiait. C'est dans l'histoire du roi David : au moment où il envoie Ourias au front et à la mort, afin de pouvoir épouser sa femme Bethsabée, il est question de Yedidya. L'enfant qu'ils conçurent dans l'adultère, ils l'appelèrent Salomon et il devint le célèbre roi d'Israël. David donna à Salomon le prophète Nathan pour l'enseigner. « *Le Seigneur aima l'enfant*, nous dit la Parole, *et il le fit savoir par le prophète Nathan qui lui donna, à cause du Seigneur, le nom de Yedidya : Aimé-du-Seigneur* », et ce, malgré le péché de son père[25].

En lisant ceci, les larmes coulèrent sur mon visage. Mon fils aussi était un « Aimé-du-Seigneur », malgré le péché de son père. Le Seigneur m'avait parlé pour confirmer la parole qui m'avait été donnée par la prophétie d'un inconnu. C'est pourquoi j'en ai parlé à mon fils dès son plus jeune âge. Quand il faisait quelque chose de mal, il me disait toujours : « Papa, as-tu aussi vérifié si tu pouvais me gronder, car n'oublie pas : je suis ton Yedidya ! »

Il est tout aussi passionnant d'observer comment Dieu lui-même peut se servir de nous comme « porte-parole ». Pendant mon séjour en Afrique dans le cadre de l'école biblique, nous nous rendîmes un jour en voiture, à une réunion de prière à environ deux mille kilomètres de là. Nous roulions depuis déjà longtemps lorsque, juste avant d'arriver à destination, notre chauffeur Johnny me dit : « Helmi, j'ai l'impression qu'on devrait commencer la réunion de demain par ton témoignage de vie. »

---

25. 2 S 12, 24-25.

« Je n'ai encore jamais donné mon témoignage en ouverture de soirée et, en plus, je ne maîtrise ni l'anglais ni l'afrikaans. Non, non, ce ne peut pas être moi ! » Mais Johnny ne se laissa pas décourager, m'expliquant que c'est au début d'une soirée qu'on commence à ouvrir les cœurs et que je pouvais parler en allemand.

Ce qu'aucun de nous ne savait, c'est qu'au même moment, une femme du Cap parlait à son mari. Elle participait depuis vingt ans, régulièrement, aux services religieux, mais son mari, né à Stuttgart, ne voulait rien savoir de tout cela. Pourtant, elle avait essayé maintes fois de l'y emmener. Ce jour-là, tous deux se disputèrent et l'ambiance devint de plus en plus tendue. Au milieu de la dispute, l'homme dit à son épouse : « Maintenant, ça suffit ! Je viendrai avec toi – et juste pour une fois. Tu prétends que ce Jésus est vivant, alors j'en veux la preuve, et aujourd'hui même ! Ensuite, tu ne viendras plus jamais m'embêter avec ça, compris ? » L'homme réfléchit, cherchant la chose la plus absurde qui pouvait arriver pour que sa femme ne le dérange plus à ce sujet. Il lui dit : « Si Jésus existe, qu'on parle aussi en dialecte souabe ce soir ! »

J'aurais aimé voir le visage de l'homme le lendemain, assis au dernier rang, quand je montai sur l'estrade en disant, dans le plus pur dialecte souabe parlé du côté de Stuttgart : « Je ne sais pas quoi dire, je n'ai pas l'habitude de faire ce genre d'introduction. » En tout cas, l'homme se convertit le jour même. Pas du tout pour ce que j'ai dit, car j'avais simplement fait ce que je fais toujours : parler souabe. Aujourd'hui, cet homme est pasteur en Afrique du Sud. La Parole dit vrai : « *Les chemins du Seigneur sont impénétrables*[26]. »

---

26. Rm 11, 33.

La ferme confiance en Dieu m'aide à aborder la vie de manière plus détendue. Savoir que Dieu me tient la main – même dans ces moments qui ressemblent plus à une descente qu'à une montée – me donne une grande liberté intérieure. À mon retour d'Afrique du Sud, j'ai été, pendant de nombreuses années, chef de bureau dans une société de vente de matériel de cuisine. Lorsque l'entreprise a fermé, je me suis retrouvé au chômage pendant sept ans. Comme chacun sait, avec le temps, ça devient de plus en plus difficile d'obtenir un emploi. Et encore davantage pour un ex-détenu.

Une opportunité sembla s'ouvrir pour moi en 2009, alors que je faisais un stage à l'institut pour aveugles de Freiburg : le patron m'appela dans son bureau. Apparemment, mon travail avait attiré son attention et il pensait à haute voix à me donner une chance.

« Pourquoi es-tu si fortement tatoué ? » me demanda-t-il au milieu de la conversation. Apparemment, il n'avait pas encore lu mon CV. « Je n'ai pas toujours été un homme bon », répondis-je avec confusion.

« Ce n'est pas ce que je t'ai demandé », me dit-il, un peu irrité. Je lui parlai de ma carrière carcérale ainsi que des changements dans ma vie. Quand j'eus fini, il s'assit un moment, me regarda et dit : « Je suis désolé, mais les gens comme toi, nous ne pouvons les accepter ici. Nous avons une responsabilité envers les autres résidents. La sécurité d'abord. »

Je le regardai calmement et tristement. J'aurais pu être contrarié et tendu, intérieurement ou extérieurement. J'aurais pu simplement faire profil bas et me taire, mais je lui répondis : « Vous savez quoi ? Je ne m'en fais pas pour ça. Nous devons choisir de donner – ou non – une chance aux personnes qui nous sont confiées. À nous de le faire avec courage ou de ne pas le faire par lâcheté. »

Il me regarda avec dégoût, mais avant qu'il ne puisse répondre, je m'étais levé en lui souhaitant une bonne journée et j'avais quitté son bureau.

Deux semaines plus tard, mon téléphone sonna. C'était ce même patron qui me disait combien il était vexé. Jusque-là, jamais personne ne l'avait traité de lâche. Et il n'acceptait pas que cela lui reste collé dessus. Bref, je fus autorisé à travailler à l'institut, en commençant avec six heures par semaine, pour un an. J'étais sidéré – et, intérieurement, je louais Dieu. Je savais qu'Il ne me laisserait pas tomber et que la providence veillait. Dans ma liberté intérieure, je n'avais pas couru, agité, après chaque opportunité, et voilà que celle-ci, magnifique, m'était apportée comme sur un plateau.

Après deux mois au foyer pour aveugles, le directeur me proposa un nouveau contrat : un poste à temps plein, à durée indéterminée, avec la formation nécessaire payée par l'institut. J'ai pu accompagner les aveugles jusqu'à ma retraite.

La Parole de Dieu – ici, sa promesse de pourvoir à nos besoins – s'est à nouveau accomplie. Tout ce que j'avais à faire de mon côté était d'avoir confiance en cette Parole. Prendre Dieu au mot, c'est devenu pour moi un exercice quotidien. Dans de nombreuses situations de ma vie, cela s'est vérifié. Et dire que je n'avais que faire de la Parole de Dieu – que je l'avais déchirée, fumée et brûlée ! Et pourtant, Dieu avait été – et demeure à jamais – miséricordieux et, en réponse, il m'a révélé sa Parole qui a, non seulement rempli mes poumons, mais aussi mon cœur. C'est peut-être pour cela que j'ai une relation si étroite avec les Saintes Écritures, et sans doute également pourquoi elles sont si précieuses à mes yeux.

Quand j'étais en prison, après que j'ai commencé à lire la Bible, de nombreux groupes chrétiens vinrent m'apporter des piles de livres religieux. Je devais absolument lire : *Jesus,*

Our Destiny de Wilhelm Busch ou *Peace with God: the secret of Happiness* de Billy Graham. Mais, à ma grande surprise, personne ne me dit jamais : « Helmi, lis la Bible ! »

Tous me voulaient du bien. Il n'y a rien de mal à lire d'autres livres, au contraire – ils peuvent être d'une grande aide pour mieux comprendre la Bible. Mais, intuitivement, je le savais : si je voulais vraiment connaître Dieu, je ne devais pas me contenter de lire des livres, mais LE livre. Si je voulais en savoir plus sur le pardon, il me fallait lire la Bible. Même chose pour l'obéissance, la discipline spirituelle, la joie, la liberté, l'Esprit Saint et l'Amour de Dieu... Les autres livres sont certes importants. Mais si je cherche à grandir dans ma vie de foi, alors la Bible est ma première lecture.

Je lis maintenant la Bible en entier deux ou trois fois par an. Et, à chaque fois, j'ai de nouvelles inspirations. J'ai lu les textes de nombreuses fois et je continue quand même à découvrir, chaque fois, quelque chose de nouveau. Une fois, je lus : « *Vous ne mangerez pas la viande d'une bête déchirée par un fauve dans la campagne ; vous la jetterez aux chiens*[27]. » Soudain, j'eus cette pensée : combien de fois proclame-t-on, du haut de la chaire, un Évangile « fragmenté » ! On relève les aspects qu'on veut prendre et le reste, on le laisse de côté. Or, la Bible est « une », elle doit le rester et être lue dans les détails et dans son ensemble – pour découvrir ce qui préoccupe Dieu en ce qui concerne sa création.

En même temps, j'apprécie à quel point la Bible peut me parler personnellement. À un moment donné, j'ai commencé à y mettre mon nom pour que la parole s'adresse à moi, Wilhelm.

---

27. Ex 22, 30.

Ainsi, en lisant le Psaume 23, cela devient : « Le Seigneur est le berger de Wilhelm, celui-ci ne manque de rien[28]. » C'est la promesse de Dieu pour moi, personnellement. Procéder ainsi avec la Parole permet que ma relation à Dieu soit infiniment plus intime et profonde.

---

28. Cf. Ps 22, 1.

9

PATERNITÉ

L'une des personnes les plus importantes avec qui je devais et voulais me réconcilier, c'était mon propre père. Sur chacun de nous, pesait une lourde culpabilité. Notre relation était complètement rompue. Pas une seule fois, il ne m'a rendu visite en prison à Stammheim ou à Bruchsal. Nous nous étions rencontrés pour la dernière fois au procès et cette rencontre s'était terminée entre nous par un souhait de mort réciproque : la pire relation qui puisse exister entre père et fils.

L'image que j'avais de mon père était donc négative. Après ma conversion, j'ai beaucoup lu la Bible, mais j'ai toujours hésité à parler de Dieu comme étant un Père. Quand Jésus a dit « *Abba, Père* », ce qui signifie quelque chose comme « papa chéri », cela m'a plutôt repoussé. Je ne pouvais rien associer de positif avec cette appellation. Pour moi, père était synonyme de patriarcat, sévérité, violence, abandon et solitude. Plus tard, quand j'étais en prison à Innsbruck, au lieu de me serrer dans ses bras, il m'avait frappé et m'avait tourné le dos. Mon image d'un père était complètement faussée.

Par ailleurs, une grande partie de ce que j'étais devenu – de ce que Dieu m'a enlevé –, je l'avais hérité de mon père : propension à la violence, tendance au tempérament colérique, incapacité à aimer et à construire des relations basées sur la confiance. Mais je lui ai aussi causé beaucoup de chagrin. Dès l'enfance, j'ai toujours eu des ennuis dont mon père a ensuite dû faire les frais : j'ai battu les autres enfants – leurs parents sont naturellement venus vers mon père pour se plaindre. J'ai volé – mon père a dû tout remplacer ou rembourser. Rapidement, plus personne ne m'a fait confiance – et mon père a dû supporter que son fils ne puisse pas se contrôler. Me mettre dans des maisons de redressement fut tout sauf facile pour lui. À ses yeux, cependant, il n'y avait pas d'autre moyen. J'aurais certainement été trop difficile pour n'importe quel père. Même les professionnels des foyers n'arrivaient pas à me maîtriser. Que mon père ait demandé au juge, lors de mon procès, la peine de mort pour moi, ce n'était pas une coïncidence. Même lorsque, après la prison en Autriche, il m'avait proposé une chambre à Ulm, en me trouvant en plus un emploi, je l'ai encore déçu. Rien d'étonnant s'il ne me mentionnait pas lorsqu'il parlait de ses enfants.

Pourtant, j'ai aussi reçu de bonnes choses de lui : j'ai toujours apprécié son côté artistique, ses photos. J'ai aussi reçu de lui le goût pour le tennis de table qui m'a permis de participer, avec enthousiasme, aux championnats en prison. Tout cela m'est apparu clairement après ma conversion, quand Dieu a commencé à me guérir, petit à petit.

Mais je n'arrivais toujours pas à accepter Dieu comme Père. Le terme était trop négatif pour moi. Il ne m'était pas possible de prier le « Notre Père ». Je ne pouvais pas parler à Dieu comme à un père. Et je n'arrêtais pas de me demander comment Dieu avait permis que son Fils souffre ainsi sur la croix.

C'était d'autant plus important pour moi de mettre de l'ordre dans ma vie par rapport à mon père. Je m'en doutais : mon problème avec le Père des cieux était étroitement lié à mon problème, non résolu, avec mon père terrestre. J'étais prêt à tenter la réconciliation, même si je savais que ça allait être difficile. Mais je ne savais pas comment faire. Je n'avais eu aucun contact avec lui, ni avant ni après ma sortie de prison. Je ne savais pas ce qu'il faisait ni même où il habitait. Surtout, je ne savais pas comment m'y prendre. Devais-je simplement trouver son numéro de téléphone et l'appeler ? Cela devait certainement être possible d'une manière ou d'une autre. Mais alors, que faudrait-il lui dire ? Savait-il que j'étais dehors ? Ou pensait-il que je traînais ma carcasse en taule jusqu'à la fin de ma vie ? J'ai senti que je ne devais rien précipiter. Ce n'était pas encore le moment – et cela allait encore durer ainsi bien longtemps.

Ce n'est que le jour où je témoignais lors d'un camp pour alcooliques à la « Haus des Heils » à Schwarzenberg, en 1993, que le directeur de la maison m'a soudainement approché – c'était l'ancien directeur de banque avec qui je m'étais réconcilié à Monbachtal. Il connaissait mon père de la communauté d'Ulm, et il m'a demandé : « Helmi, sait-tu que ton père habite à proximité ? » Je ne le savais pas, mais à ce moment-là, j'ai eu un sentiment très fort : c'était le bon moment ! Je voulais essayer. Dieu avait mis cette opportunité à ma portée.

Le directeur de la maison a appelé mon père et lui a dit : « Wilhelm, il y a quelqu'un ici qui aimerait vous parler. Mais, s'il vous plaît, ne vous inquiétez pas, tout ira bien. » Il m'a tendu le téléphone et je l'ai mis à mon oreille. Je n'ai rien su dire à mon père, qui a tout de suite su qui était à l'autre bout du fil. Nous restâmes silencieux pendant quelques longues minutes. Après ce qui me sembla durer une éternité, il demanda : « Est-ce vraiment toi ? » « Oui, ai-je répondu avec beaucoup de difficulté, c'est bien moi ! » « Tu es sorti de prison », a-t-il dit maladroitement.

« Dieu m'a libéré, ai-je répondu, d'une voix hésitante, et les larmes me montaient aux yeux. Le pathétique n'était pas vraiment mon style, mais la phrase était appropriée. Dieu m'avait réellement libéré. Comment réagirait mon père à cela ? Il ne savait manifestement pas que j'étais sorti de prison, malgré mes nombreux voyages à travers les communautés locales. Que faisait-il ? Comment se portait-il ? Avait-il encore quelque chose à voir avec Dieu ? Est-ce que son mariage avec Else avait survécu ?

Au téléphone, j'entendais sa respiration trembler. «Je n'arrive pas à y croire», l'ai-je entendu dire, mais c'était plutôt comme un étranglement de la voix. Il était manifestement en train de pleurer ou bien il était très effrayé. Je ne sais pas exactement pourquoi, mais, tout à coup, j'ai entendu ma propre voix lui dire : «Rencontrons-nous dans la forêt!»

Je savais que c'était un symbole incroyablement puissant pour nous deux. En quelque sorte, c'était un affront. Une provocation. Mon père m'a toujours traîné dans les bois, quand il m'avait vraiment tabassé pour ma punition et qu'il ne voulait pas que le voisinage s'en aperçoive. Dans la forêt, c'était sanglant ; la forêt ne signifiait rien de bon. Et, finalement, je voulais vraiment me réconcilier avec lui. Mais les mots étaient sortis et peut-être que ça devait arriver justement là, dans une forêt. Peut-être que la réconciliation devait avoir lieu là où la faute et la culpabilité avaient connu leurs «points culminants»?

À mon grand étonnement, mon père a accepté ma suggestion. Il a proposé un endroit et je l'ai accepté. Les jambes tremblantes, je m'y suis rendu, m'arrêtant à quelques kilomètres du lieu de rendez-vous. C'était l'hiver, il faisait froid, la neige et le sol de la forêt disparaissaient dans une gadoue disgracieuse. Quand je suis entré dans le parking de la forêt, je me suis garé là, près d'une seule voiture. Je n'en étais pas certain, mais ça devait être l'auto de mon père. À l'intérieur, il n'y avait personne et de loin, je n'ai rien vu non plus.

Un chemin large et accidenté menait sous la cime des arbres. Les hauts sapins étaient si proches les uns des autres que c'était presque l'obscurité – d'où la Forêt-Noire tire son nom. J'ai marché et j'ai vu une silhouette à une centaine de mètres. Elle s'est juste tenue sur le chemin et a regardé dans ma direction – ce ne pouvait vraiment être que mon père qui m'attendait là. Il ne savait certainement pas qui il attendait. Il ne savait rien de moi – la seule certitude qu'il avait était la courte phrase de l'animateur : « Tout ira bien. » Mais qu'est-ce que cela voulait dire ? Et que savait le directeur pour dire ça ? Du point de vue de mon père, il en savait si peu sur moi qu'il était possible de penser que, un instant plus tard, je m'arrêterais et brandirais une arme pour le tuer. Comme je l'en avais d'ailleurs menacé. Et peut-être aurait-il même ressenti cela comme une juste punition ? Il avait échoué en tant que père. Son fils avait eu la pire existence possible : celle d'un meurtrier. Quelle puissance au monde serait capable de transformer à nouveau une telle personne en un bon gars ? Quelqu'un qui, dans sa haine, avait prêté serment de tuer son père ?

Je me suis lentement approché de lui. Il se pouvait aussi qu'il ait eu une arme à feu sur lui. Pour se protéger. Ou parce qu'il avait l'intention de débarrasser le monde de ma personne, avant que je ne fasse encore plus de mal. Mais, jusqu'à présent, ses bras pendaient mollement. Aucun signe de cette tension qu'on éprouve avant de tirer son arme. Je connaissais cette attitude, je la sentirais, pensais-je. J'y étais presque, maintenant. J'ai reconnu le visage ridé et la même posture voûtée avec laquelle il était entré dans la salle d'audience. Il avait encore vieilli, bien sûr. Plus que cinq mètres ; plus que quatre ; plus que deux. Puis je me suis trouvé juste devant lui.

Pendant plusieurs minutes, sans colère ni agressivité, nous nous sommes regardés. C'était plutôt triste. Infiniment triste, pas moyen de faire autrement. C'était comme si tout ce qu'il y avait entre nous se résumait dans ce long regard, toutes les souffrances, toutes les douleurs, toutes les déceptions et occasions manquées. Puis j'ai commencé à sourire doucement. Je ne me souviens pas pourquoi. Était-ce à la pensée de l'une des meilleures situations vécues ensemble ?

Était-ce l'espoir que la réconciliation était maintenant possible ? J'ai souri. Ma bouche ne cessait de s'élargir. Et, dans la même mesure, la détente était perceptible en lui aussi. Il a pris une profonde inspiration et, soudain, nous avons tous les deux ouvert les bras et nous nous sommes étreints. Cette fois, c'était vraiment le bon moment. Cette fois, il ne m'a pas tourné le dos. Cette fois, il ne m'a pas quitté. Cette fois, je ne l'ai pas menacé ni insulté. Cette fois, enfin, nous nous sommes embrassés.

C'était la première fois que j'étreignais mon père. La toute première fois de ma vie. Cette première fois ne devait, en fait, arriver qu'après quarante ans. Nous avons rompu notre étreinte en nous regardant dans les yeux. Les larmes ont coulé sur nos deux visages. J'ai commencé avec hésitation à dire ce que je ressentais et ce que j'avais vécu en prison, comment Dieu était intervenu dans ma vie. Nous ne pouvions pas arrêter de pleurer. Nos pieds étaient gelés, mais nous n'y prêtions aucune attention. J'ai demandé pardon à mon père pour tout ce que je lui avais fait et il m'a demandé pardon pour les coups, pour les mots durs et acerbes. Deux ou trois heures durant, nous avons marché dans cette forêt sombre, mais nos cœurs étaient illuminés. À un moment donné, nous sommes tombés à genoux – avec nos beaux costumes – et, dans la boue et la neige fondante, nous avons remercié ensemble Dieu pour ce qu'il avait rendu possible.

Cependant, jusqu'à sa mort, mon père n'est pas devenu un vrai père pour moi – je pense que si on a raté cette occasion, il n'y a probablement aucune chance de la rattraper à l'âge adulte. Mais il est devenu pour moi un ami très cher, avec qui je devais encore vivre de nombreuses heures, jusqu'à ce qu'il s'endorme paisiblement dans la mort et quitte ce monde, délivré de tout son poids.

La réconciliation avec mon père a aussi changé ma relation à Dieu. Maintenant que les murs entre mon père et moi se sont effondrés, je peux aussi mieux accepter l'idée de Dieu-Père. Maintenant que j'ai vu qu'un père peut aussi pardonner, j'ai trouvé plus facile d'obtenir et d'accepter le pardon du Père céleste. Ce lien que j'avais deviné s'est confirmé.

À cause de mon passé difficile avec tous ses souvenirs négatifs, il était primordial pour moi d'être un bon père pour mes enfants. Dès le début de leur vie, je voulais être là, pour leur donner un « coup de main » paternel. Quand j'ai tenu Simon – mon Yedidya – dans mes bras pour la première fois (ce « chéri de Dieu » qu'un homme sud-africain m'avait annoncé dix ans plus tôt lors d'une assemblée de prière), je me suis demandé : comment serai-je, moi, en tant que père ? Définitivement, je ne voulais pas être comme mon propre père. Je ne voulais pas leur crier dessus, je ne voulais pas les frapper ni dire de mal à leur sujet. En même temps, je savais qu'une expérience aussi profonde ne s'oublie pas et que de tels schémas destructeurs sont souvent transmis de génération en génération. Mais je savais aussi que j'avais en Dieu l'aide nécessaire pour briser cette malédiction. Il fallait l'intervention de Dieu ! Alors que je tenais ce nouveau-né, si tendre et innocent dans mes bras, j'ai supplié le Père de me donner, chaque jour, la sagesse d'être moi aussi un bon père.

Sinon, comment aurais-je su de quelle façon bien élever mes enfants ? Tout ce que je savais, c'est que je voulais tout faire autrement que mon père. J'ai donc décidé de toujours faire l'inverse de mon père. C'était incroyablement facile ! Sans doute parce que mon père avait été un modèle d'éducation extrêmement négatif ? Mon père avait des chaussures cloutées et s'en servir pour cogner sur la tête, ça fait vraiment très mal, je le sais. S'il était particulièrement en colère, il prenait le tisonnier chaud du poêle et me frappait avec. J'en ai encore aujourd'hui les cicatrices. Moi, à l'inverse, je n'ai jamais frappé mes enfants. Et, jusqu'à ce jour, je ne leur ai jamais crié dessus. Parce que je sais ce que ça fait à un enfant et à quel degré cela marque la peau d'une manière ineffaçable – mais, surtout, la violence des parents s'imprime comme une « brûlure » dans le cœur et l'âme de l'enfant et crée une difficulté à faire confiance, parfois pour toute la vie !

Nos enfants naissent à travers nous, bien sûr, mais ils ne viennent pas de nous. Ils nous viennent de Dieu ! Nous devons donc les entourer avec soin. En prison, il n'y avait presque que des gens à qui l'on disait, dès le plus jeune âge : tu ne vaux rien ! Tu es un incapable ! Un bon à rien ! De tels messages sont profondément incrustés dans la personnalité des enfants qui deviennent comme on leur dit qu'ils sont ! C'est pourquoi il est si important de dire du bien aux enfants, de leur dire, très souvent, à quel point nous les aimons, quoi qu'ils fassent. Il faut leur montrer qu'ils peuvent toujours se tourner vers nous, qu'ils peuvent compter sur nous, pour TOUT.

Mon fils Benni avait un jour cassé quelque chose dans une maison voisine et il prit la fuite. Quand il est rentré à la maison, j'ai réalisé que quelque chose n'allait pas et je lui ai demandé ce qu'il y avait. Il a répété avec force : « Papa, ce n'est rien ! »

Alors je lui ai dit : « Viens, Benni, assieds-toi avec moi. Tu ne peux même plus me regarder dans les yeux. Dis-moi ce qui se passe. »

Il a regardé droit devant et a dit : « Oh, rien de bien grave, quelque chose de normal ! » Bien sûr, je savais que c'était quelque chose de grave pour lui, suffisamment, en tous cas, pour qu'il se sente coupable. Je lui ai alors répondu : « Je sais, et c'est justement ça qui m'intéresse ! Veux-tu m'éclairer ? »

Il m'a alors parlé d'une vitrine de nos voisins sur laquelle il avait, accidentellement, brisé un vase. Ce vase brisé avait un joli ornement et il craignait que, pour le remplacer, on doive payer très cher.

Je l'ai regardé gentiment en suggérant : « Qu'en penses-tu ? Si nous allions ensemble chez nos voisins leur dire ce qui s'est passé ? Rien de mal ne t'arrivera, ok ? » Nous y sommes allés et j'ai dit aux voisins : « Excusez-moi, mon fils veut vous dire quelque chose. » Benni a expliqué ce qui s'était passé, il s'est excusé, j'ai payé les dégâts et tout fut bien vite arrangé. Cela lui a fait réaliser à quel point il était bon de dire la vérité : admettre sa faute, c'est éclaircir la situation.

Je fais la même chose quand j'ai mal réagi avec mes enfants. Sinon, des murs se dressent entre nous. Et cela conduit à la culpabilité, à des malentendus supplémentaires et à l'éloignement les uns des autres. Se détourner de lui est l'une des pires choses que l'on puisse faire à quelqu'un. Cela est particulièrement vrai pour les enfants. Une fois, Simon m'a pris 10 pfennigs. Pour le punir, je ne l'ai délibérément plus regardé. Au bout d'un moment, le petit a dansé autour de moi, m'a tiré par la manche, m'a attrapé les oreilles… Puis il a tourné mon visage vers lui et m'a dit : « S'il te plaît, Papa, regarde-moi ! » Je n'ai plus jamais refait ça. C'est brutal. Lorsque les enfants font des erreurs, une chose qu'ils doivent absolument savoir, c'est que maman et papa les aiment toujours ! Ils n'ont pas besoin de coups ou de cris, ils ont besoin de notre amour. Les enfants ont besoin de se sentir en sécurité et protégés. La maison de leurs parents doit toujours être pour eux un refuge sûr, où ils peuvent se ressourcer et puiser force et confiance pour le lendemain, pour leur vie à l'école ou ailleurs. C'est notre travail de parents, la mission que Dieu nous a confiée. Si nous, les parents, ne donnons pas cet amour et cette confiance à nos enfants, ils ont du mal à vivre et à aimer. Je sais où cela peut mener de ne pas être aimé. J'ai fermement décidé que mes enfants ne subiraient pas le même sort.

Alors, au lieu de les frapper comme mon père l'a fait pour moi – et comme son père l'a fait pour lui –, j'ai pris à part mes enfants, nous nous sommes assis et avons parlé de leurs motivations, leurs désirs, leurs rêves et leurs espoirs. Quand un enfant fait une bêtise, cela cache toujours quelque chose qu'il faut découvrir pour l'aider. Nous faisons cela ensemble afin de trouver une solution, également ensemble. Cela se fait sans punition, mais avec la confiance réciproque qu'en famille, nous pouvons nous fier les uns aux autres.

À ce jour, je ne sais toujours pas comment élever des enfants. Je les dépose devant Dieu et lui demande la sagesse de son esprit. Avec son aide, j'ai l'impression d'être capable de le faire assez bien. L'autre jour, je me suis couché sur le canapé et mon fils, presque adulte, m'a massé le dos, disant : « Papa, je t'aime tellement ! » À cet instant, j'ai su que j'avais au moins fait quelque chose de bien.

ÉPILOGUE

Pour ceux qui me connaissent aujourd'hui, les nombreux tatouages sur mon corps sont un indice de mon passé mouvementé. Aujourd'hui, je suis un homme heureux et épris de paix, qui aime beaucoup sa femme et ses enfants. Quelqu'un qui ne pourrait pas faire de mal à une mouche, qui aime écouter, qui fait de bonnes choses pour les gens et qui parle de Dieu et de sa façon de changer des vies. D'où ce livre, qui ne sert pas à démontrer que je suis devenu bon. Ce qui m'est arrivé est censé montrer la pure grâce de Dieu – rien d'autre !

Mais il me tient à cœur de transmettre ce message aux personnes qui ont croisé ma route : personne ne peut tomber si bas que Dieu ne puisse le libérer. J'ai expérimenté qu'il ne faut pas prendre nos fautes avec désespoir. Au contraire, soyons sûrs que nos fautes peuvent toujours être pardonnées. Parce que Dieu est fidèle et tient parole. Il vaut donc mieux prendre Dieu au mot et suivre son chemin avec constance.

Aujourd'hui, je suis réconcilié avec ceux que j'avais lésés. Je n'ai plus de dettes ! La plus grande partie de ces 1,2 million de DM que je devais rembourser a été annulée par mes créanciers. Même la réconciliation avec ma belle-mère fut possible. Cinq ans après avoir rencontré mon père dans le bois, elle m'a appelé et m'a demandé si je voulais venir déjeuner avec elle. Dans sa vieillesse, elle fut encore une vraie mère pour moi, une mère que j'aimais et que j'ai soignée jusqu'à sa mort. Pour éclairer les choses, nous avons probablement encore beaucoup à échanger, les uns avec les autres.

S'il reste encore quelque chose à dire de ce livre, c'est peut-être ceci : nous ne devrions pas nous plaindre de ce monde si sombre. Nous sommes responsables pour le rendre plus lumineux. Cette prise de conscience me vient de l'époque du cachot de la prison de Bruchsal, la Bible devant mes yeux : cela a été pour moi le point de départ de mon merveilleux voyage avec Dieu. « *Vous êtes la lumière du monde* » – ce n'est pas une demande ; c'est une réalité. En tant que lumière du monde, c'est à nous de rayonner. Si nous ne le faisons pas, notre coin dans ce monde restera un endroit sombre. Ce n'est que lorsque l'amour de Dieu rayonne à travers nous, par notre amour pour les autres, par notre volonté à pardonner, que l'endroit où nous nous trouvons en ce moment même peut devenir un endroit lumineux. Dieu merci, nous n'avons pas à faire cela par nous-mêmes – Dieu le fait à travers nous et avec nous. Tout ce que nous avons à faire est d'y croire.

J'étais à la prison de Pforzheim pour donner mon témoignage. Dans le public se trouvait Marino, un homme condamné à trois peines d'emprisonnement à perpétuité. Il a entendu mon topo et a ensuite demandé à me parler. Nous nous étions connus dans mon ancienne vie et il m'a dit : « Tu sais, Willi, quand j'ai entendu dire que tu étais devenu pieux, j'ai pensé : "Quel show ! Très bien ! Quand tu seras libéré, tout sera fini." » Il m'a regardé et m'a souri : « Mais aujourd'hui, je t'ai regardé dans les yeux. Dans le temps, tu avais les yeux glacés, ils étaient morts, durs comme de la pierre. Mais lorsque je regarde tes yeux aujourd'hui, je les découvre vivants et lumineux. Je pense alors que cela vaut vraiment la peine de réfléchir à ce que tu nous as partagé. »

Je ne sais pas ce qu'il est advenu de ce cher Marino. Mais les gens qui nous regardent en face peuvent reconnaître la lumière que Dieu a allumée en nous. C'est ainsi que nous sommes lumière en ce monde.

TABLE DES MATIÈRES

Pour en savoir plus
sur les Éditions des Béatitudes,
catalogue et nouveautés, auteurs, vidéos, actualités…,
consultez notre site :
www.editions-beatitudes.com

Suivez-nous sur les réseaux sociaux :

 Éditions des Béatitudes

 @editionsdesbeatitudes

Dépôt légal : janvier 2023 - N° imprimeur : 122274300

Imprimé en France par Présence Graphique - Monts